AF414017

"Las patrias perdidas, una visión del proceso judicial de Antonio Puerta y Jesús Neira"

FERNANDO PAMOS DE LA HOZ
Abogado de Antonio Puerta Ramón

Foto de portada: D. Antonio de la Hoz Rodríguez, abogado y abuelo materno del autor.

© Bubok Publishing S.L., 2011
1ª Edición
ISBN: 978-84-9981-523-7
DL: M-10708-2011
Impreso en España / *Printed in Spain*
Impreso por Bubok

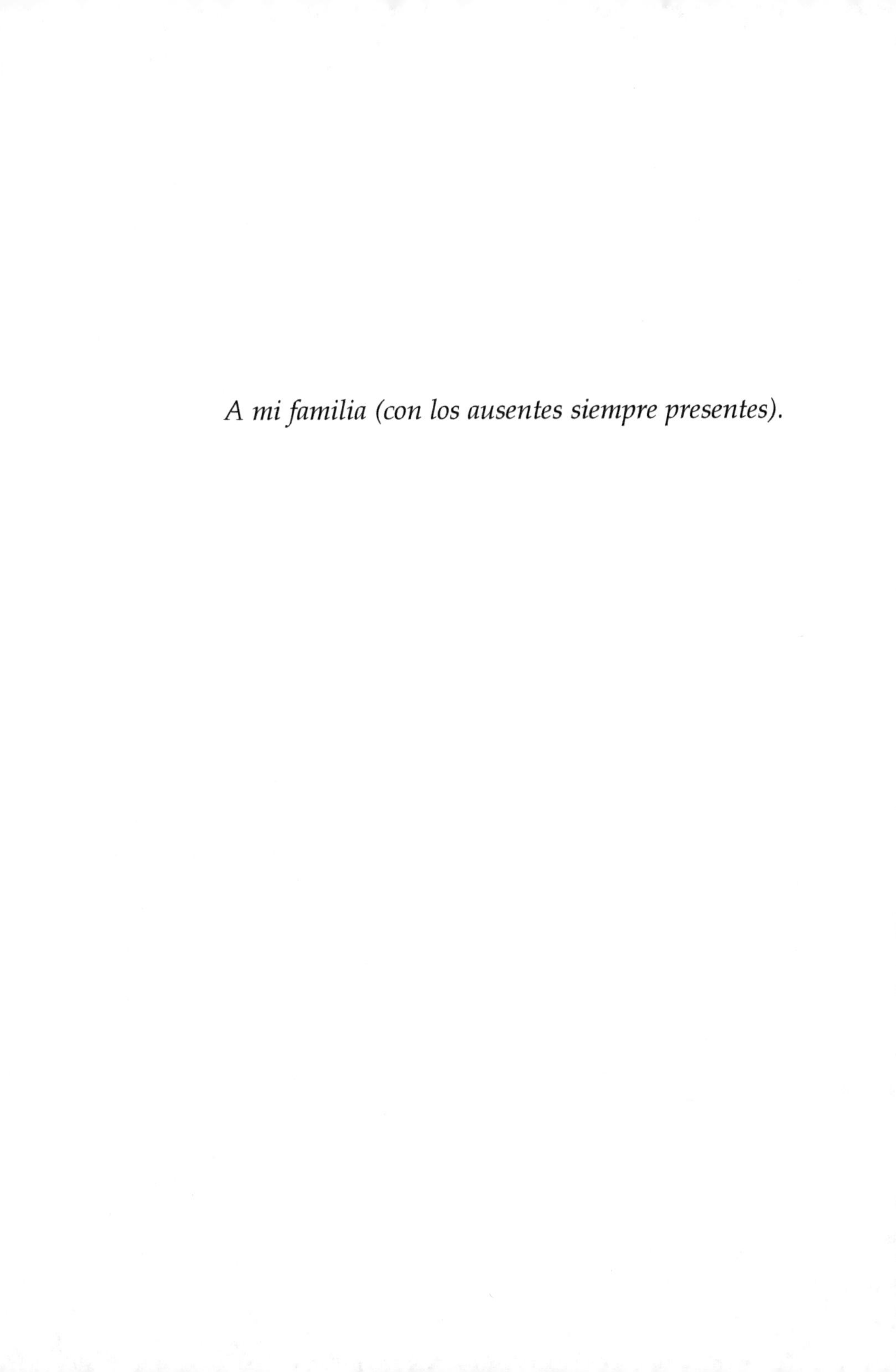

A mi familia (con los ausentes siempre presentes).

"Voy a taparle a su carta / los pies, que esta noche
hará / ya frío de madrugada" Juan Ramón Jiménez.

A María Jesús, con toda mi alma.

"Cuando repaso lo vivido se me aparece como una
serie de secuencias de una película.
Lo que no se comparte no deja huella ni nostalgia.
No se siente pesar por el bien perdido en soledad.
Tampoco el dolor sufrido a solas sirve de referencia
pesarosa".

Josefina R. Aldecoa
("Historia de una maestra" - fragmento)

Índice

INTRODUCCIÓN

Lo que empezó como la crónica de un proceso judicial que viví de primera mano, desde la defensa que ejercí, siguió, sin darme apenas cuenta, dejándome llevar, como quien pasea mirando escaparates y gente por un transitable Paseo de la Nostalgia, por mis emociones y recuerdos.

En esos pasos titubeantes, emocionado por la impresión que me suponía el reencuentro, dejándome llevar por las ausencias ahora presentes, me iba encontrando con caras que hacía mucho tiempo que no veía y voces que ya no recordaba.

He escrito estas páginas porque no puedo detener el constante torbellino de imágenes que me cruzan la cabeza, y algunas de ellas me llegan tan dentro que siento la imperiosa necesidad de compartirlas.

Escribo para tener algo en qué pensar cuando en la soledad del duermevela, durante la madrugada y antes de despertarme del todo, me asaltan los miedos, la incertidumbre y las angustias del nuevo día.

En definitiva, lo he escrito por las mismas razones por las que leo, porque a veces no me encuentro bien y me sirve de terapia frente a la desazón.

Traigo aquí, desde muchos años de ejercicio profesional y vital que me contemplan, y a lomos de una memoria que ya me pesa y que necesito aligerar, un resumen de noticias, un compendio de estrategias de resistencia frente a la adversidad, una batalla frente al olvido y sus estragos.

Parecería que quiero soltar lastre para poder continuar, con menor peso, mi travesía de vida, la que me pueda quedar.

Mis hijos, que son toda mi vida, ya me retan en una edad en la que las hormonas mandan, y ahora necesito fuerzas renovadas para emprender la aventura de su adolescencia, guiarles por el camino adecuado y depositarles en buen puerto, en el que puedan valerse por sí mismos cuando yo ya no esté (no es tarea fácil la crianza y necesito moderar –o acaso transformarlas en recuerdo escrito, mucho más liviano y llevadero– el equipaje de vivencias).

Quizás por ello me puse a escribir, porque necesito descargar equipaje sobrante en esta fase de mi existencia y con el hatillo mínimo volver a empezar desde ese menor peso existencial y vivencial.

Lo que cuento me supone también un dolor extra que quiero compartir, un bagaje personal y profesional que en ese "darle al otro" hará que pueda aminorar mi pesar por lo vivido.

Sepa el lector que los momentos alegres se confunden con los menos dulces, narrados también. Que la melancolía es un estado de apertura del corazón y que sin pasión estaríamos muertos.

Creo, sin embargo, que todo el pesar que mis ojos atisbaron me ha hecho ser más lúcido y alcanzar una situación de claridad vital y mental que agradezco infinitamente.

No diré yo que me ha hecho mejor persona, sería demasiado pretencioso y no me correspondería, además, decirlo a mí, pero sí que me he acercado a un nivel de consciencia, y no es poco, desde el que comprendo mejor el día a día de la existencia.

Se trata de beberse lo experimentado y, a fe, creo que siempre lo hice, en cualquier circunstancia.

Nunca caí derrotado, siempre me levanté, con heridas o sin ellas, y las experiencias, aun las más terribles, por dolorosas, las integré en mi alma y me abrieron los ojos a la realidad más dolorosa y maravillosa del ser humano.

Sepa también la vida, pues, que todo lo que me dio fue utilizado para nutrir mi alma, que nada desperdicié y que de todo saqué provecho.

Y sepa finalmente el futuro que he intentado, y así seguiré, sembrar en el corazón de mis hijos gotas de una pasión por la vida realmente vivida –sin sufrimiento y pasión, integrados ambos adecuadamente, no hay experiencia de vida– que ellos, quisiera, pudieran a su vez transmitir a sus descendientes y de esa forma instaurar un nivel de conciencia que haga un mundo más habitable.

Aquí está pues lo vivido.

Fernando Pamos de la Hoz

PRIMER CAPÍTULO

LO QUE NO SE COMPARTE NO DEJA HUELLA NI NOSTALGIA.

"(...)"

Madrid 22 de octubre de 2010

Querida familia,

Necesitaba tomar distancia temporal y física para escribiros esto, que versa sobre Antonio y el hueco que os deja.

Yo le llegué a querer, quizás por su vulnerabilidad tan acusada –y esa ternura que atesoraba–, que hacía que mi labor se desarrollara en muchos frentes distintos a la abogacía –es lo mágico que tiene esta profesión, que abarcas al ser humano como un todo y con él fue un "Todo" con mayúscula–.

Era un ser todo corazón que a mí, si podía, me intentaba liar –pero soy "perro viejo" y me dejaba liar de mil amores, pensando que él así mantenía su autoestima elevada saliéndose con la suya como el niño que era–.

Antonio os adoraba a todos, sin diferencia. Se preocupaba por L. y sus negocios –siempre decía que querría, desde sus ideas que entendía muy brillantes, echarle mil manos para que prosperara, de M. y su vida, y de I., que le preocupaba y ocupaba.

¿Qué decir de sus padres?. Eran todo para él.

Le preocupaba mucho no fallar a su padre –era el espejo en el que se miraba, quizás desde niño, y ahora desde el niño interior, pequeño y desvalido que tenía dentro, protestando sin parar porque no era feliz y buscando su aprobación y amor–.

Su madre era su devoción absoluta, su confidente, su apoyo, su faro, la luz que iluminaba su agonía y si había algo que le mataba era que sufriera por su culpa.

Ahora restan sus hijos, y yo os echaría mil manos con ellos, si lo necesitarais, pues entiendo que el vértigo que atesoran, huérfanos y con su padre en el ojo del huracán, debe ser de órdago.

Creo que el destino se ha aliado con él salvándole de un futuro ingreso en prisión –pese a las luchas procesales hubieran puesto en bandeja su cabeza a una sociedad sedienta de dolor y sangre– que hubiera terminado con su libertad, la palabra que más le definía.

Era un ser libre, eminentemente bueno, leal en los afectos y generoso con todos.

Un abrazo fuerte".

Acababa de escribir, y mandar, a la familia de Antonio esa especie de despedida profesional y humana, un reconocimiento a cuanto hicieron por su hijo ahora desaparecido, cuando se materializó finalmente en mí la idea de escribir sobre él, sobre su procedimiento judicial y el linchamiento mediático que tanto dolor, e indefensión en todos los planos, le supuso.

Dar a conocer el camino de espinas afiladas, sin descanso, parada, tregua o reposo, siempre huyendo de sí mismo, de la imagen que los medios habían ofrecido de él, que recorrió hasta que falleció la noche del doce de octubre de 2010.

Querría además dar voz a una generación, la suya y de tantos otros.

Una generación que cayó en la droga y que comenzó un sendero de dolor y desesperación en el que no había camino de regreso. La primera generación de españoles muertos por la droga, la de los nacidos en los años sesenta, una década maldita. También mi década, y sé por tanto de lo que hablo.

He de decir, el lector ha de saberlo, que no es algo nuevo en mí lo de querer escribir sobre defensas que he asumido e indefensiones, bochornosas y parciales por obscenas, que he padecido –y en mucha mayor medida mis defendidos, que eran los que arrastraban la injusta pena privativa de libertad dictada en sentencia o la interminable prisión preventiva acordada desde un titular de prensa, una ideología o un ego exacerbado del juez de turno, para justicia y escarmiento o aviso a futuros navegantes–.

Lo había sufrido, con menor edad y menos experiencia profesional y vital –y mayores suplicios interiores por tanto–, en determinadas defensas con jueces estrellas, tribunales formados a la carta, con posteriores premios al ponente de la sentencia, en clave de destinos nunca antes soñados, por los "favores" prestados a la causa de la causa, y acusaciones públicas parciales, que concluían con condenas dictadas, al dedillo de un plan que se había escrito mucho tiempo antes siquiera de que el proceso comenzara.

Pero ahora con Antonio recién enterrado era distinto. No quería que ahí se terminara todo.

Me parecía injusto que así fuere, teniendo en cuenta todo lo que habíamos pasado juntos.

Su inmenso dolor, mi gran vértigo desde la soledad del despacho, enfrentándome a verdaderos molinos con nombres y apellidos en una defensa profesional que me apasionaba –como todas las que vengo ejerciendo desde hace 20 años–.

Pero también el de su familia y el de Violeta, su compañera hasta el final, denostada hasta la nausea por la prensa y tratada por una representante del Ministerio Fiscal –aquí se produjo el intercambio de roles, la mezcla de papeles, entre una Institución que debe ser imparcial y el pueblo sediento de venganza–, como si de una peligrosa delincuente se tratase, en el juicio que se celebró en el Juzgado de lo Penal de Getafe por los presuntos malos tratos de los que se acusaba a Antonio y que presuntamente tuvieron lugar aquel infausto día, el dos de agosto de 2008, en la entrada de un hotel de Majadahonda.

Ese día, el del juicio por los presuntos malos tratos, Violeta, tocada, noqueada y vapuleada en la calle y los medios, fue objeto de un trato alejado totalmente del que deben recibir las mujeres que son consideradas victimas de la violencia de género.

Son precisamente esas presuntas victimas el objeto-sujeto primordial y preferente de esos juicios y se constituyen, en teoría, en las personas que se han de proteger y a las que hay que reponer en sus derechos, menoscabados en la agresión que va a ser enjuiciada y que yo ese día defendí en estrados, abogando por la absolución imposible –la sentencia estaba "redactada" ya con antelación–, de Antonio.

Pues bien, la orgía con Violeta –prueba de que el Ministerio Fiscal no supo abstraerse de la resonancia social del proceso– llegó hasta el punto de que la representante de la citada Institución, algo nunca antes visto por mí, dedujera testimonio contra ella por no servirle en bandeja la cabeza de Antonio en forma de testimonio incriminatorio.

Obviamente el Juez de lo Penal, aquí sí que no existe igualdad de armas, acordó la citada deducción de testimonio, que significaba que se procedería contra ella por no contar lo que la Fiscal quería que contara para sostener su endeble, calculada y dirigida, siempre he pensado que desde las más altas instancias de la "cuota femenina" de la política nacional, acusación: que Antonio le había agredido y que era un maltratador –no podía, ni debía, poner en tela de juicio las palabras vertidas en discursos demagógicos por la clase política en esos días anteriores–.

Aquel dos de agosto de 2008 fue el fatídico día en que sus vidas se mezclaron para siempre con Jesús Neira, y sus destinos, trágicos, quedaron unidos en la memoria colectiva de un país que asistió, desde sus salones y en "prime time", a un circo en el que todo fue posible, a un encarnizamiento procesal y mediático contra una persona a la que se le negaron durante buena parte del proceso todos su derechos consagrados constitucionalmente.

El día donde empezó todo lo que quiero contar (aunque, el lector lo verá, en el paseo nostálgico por la historia de este proceso, topé de repente con otras caras, y ellas me transportaron a hace más de veinte años).

Quería, y quiero, reitero, contar el dolor que padeció Antonio Puerta Ramón, ser su voz, acaso en unas pocas páginas redactadas por alguien que escribe en la soledad de su silencio buscado, para que no se repita nunca más la ignominia de linchar y terminar con un ser humano desde postulados nada democráticos ni claros (réditos evidentes sacados por políticos, mediocres, sin escrúpulos de uno y otro signo, y medios de comunicación que fabrican vísceras para ofrecerlas a espectadores ávidos de sangre y dolor, mas dolor siempre ajeno y nunca propio, claro).

Me insta su recuerdo a denunciar la injusticia de tener en prisión a un ser humano enfermo que sólo vivía para procurarse droga, que allí la conseguía fácilmente y, qué paradójico, no tenía, sin embargo, prescrito tratamiento médico alguno en prisión para paliar su terrible adicción.

La penúltima obscenidad con él se acababa de producir en aquellos días posteriores a su fallecimiento –cuatro días apenas habían pasado–.

Una mujer sin oficio claro –o quizás demasiado claro según los informes policiales obrantes en la causa–, a cambio de un puñado de monedas, iba a una televisión, a "La Noria" –un programa que no debería ser recordado jamás en los anales de la historia de ese medio de comunicación–, a contar cómo fueron las ultimas horas de Antonio en su casa, un enfermo necesitado de la dosis diaria para mantenerse vivo, al que presuntamente dejaron agonizar sin avisar a los servicios médicos (los habitantes de la casa donde falleció han declarado en el juzgado, en los medios también lo hicieron, que le dejaron tirado en el suelo del baño –en la misma postura en la que fue encontrado– y que respiraba inconsciente, que se marcharon ¡¡a ver un partido de fútbol!! y que al regresar ya no respiraba).

¿Alguien se cree que un presentador con alma y un ápice de sensibilidad puede aceptar semejante entrevista?. No es más que el claro ejemplo de la putrefacción que nos invade, de la miseria moral y humana más absoluta. El claro ejemplo de que todo vale para tener más cuota de pantalla que el adversario.

Es tan miserable, desde el punto de vista de la ética, el programa cuando toca temas de sucesos o tribunales, que mientras escribo este libro visualizo con asco e indignación, hasta el punto de terminar hablando solo por el pasillo de casa, cómo han llevado al plató a los padres, humildes trabajadores –el padre es la primera vez, es evidente, que se pone un traje y corbata–, de una niña, apenas 13 añitos la criatura, recientemente asesinada en Málaga.

El paso a la entrevista es posterior a las chanzas, con un claro contenido erótico–festivo, en el que todos ríen, que se hace con la madre de un cantante famoso, exmujer de un afamado torero ya fallecido, y los posibles amantes que tuvo.

Mientras se ríen, en una imagen pequeña, se ve a los dos pobres incautos, los padres que van a ser entrevistados, en un sofá, sedados por el dolor –ni siquiera pestañean–, esperando que comience el espectáculo que concluirá una periodista repipi y otros, cortados por el patrón de la falta de empatía, que les preguntarán sólo obviedades en las que el público, dirigido convenientemente, aplaudirá a rabiar la desgracia que han venido a contar esos dos progenitores hundidos por el dolor.

¿No habíamos quedado, desde tiempo inmemorial, que con las desgracias se llora y no se aplaude?.

Y mientras tanto, los padres, de televisión en televisión, siendo rifados por el mejor postor, sin poder enterrar psicológicamente a su hija y sin pasar el obligado duelo que les permitirá estar en paz con los hombres y con sus entrañas.

Creo, sinceramente, que esto es lo que le ha pasado a la madre, ejemplar, de la malograda Sandra Palo: que no ha podido enterrar a su hija todavía. Que los políticos se la rifan en campaña como ejemplo de lo que dicen harán con las leyes y luego no hacen nunca.

Pobre pueblo sufriente, pobre gente que es utilizada de forma miserable por aves carroñeras.

Ni que decir tiene que el derecho a la presunción de inocencia del detenido por el crimen de Málaga saltó por los aires, como siempre pasó con Antonio, el derecho a la propia imagen de la familia no existió –nadie les explicó en qué consistía y si tenían derecho al mismo–, y las imágenes de la niña asesinada, la pobre criatura, haciendo la comunión, que eran emitidas en todo momento, invadirán de rabia, desde la inocencia reflejada –de eso se trata–, y azuzarán lo peor que llevamos dentro: las ganas de venganza del pueblo sediento de odio.

Lo dicho, vísceras servidas un sábado por la noche después del futbol –tanto monta, monta tanto–. Y luego nos quejamos del fracaso escolar y preguntamos cuáles son las causas del nivel tan bajo en el informe PISA que mide la sapiencia de nuestros escolares, en una especie de examen mundial. Dónde hemos dejado la compasión, dónde el perdón, dónde la reflexión.

Retomando a Antonio Puerta y la entrevista de esa mujer en "La Noria", se dijo igualmente que alguien carente, absolutamente, de alma sacó fotos al cuerpo inerte y que las quiso vender a los medios.

Si el lector cree que lo anterior, todo lo que se contó que ocurrió en el piso donde falleció, no puede tener lugar sin que la justicia actúe, aun de oficio, para comprobar la veracidad de lo que se declaró públicamente en los medios y también en sede judicial, he de decir que así ha sido y que no ha existido acción judicial alguna tendente a probar si la omisión del deber, inexcusable ante un cuadro como el descrito, de llamar a los servicios de urgencia, realmente tuvo lugar ese día que Antonio falleció.

Y es que Antonio en esos días anteriores a su muerte acababa de recibir un adelanto de una agencia de prensa –los mensajes de texto hallados, y transcritos, en su teléfono móvil por el juez de guardia, al fallecer, así lo demuestran–, sabedor, aquí no hay duda alguna, su pagador, de la necesidad imperiosa que tenía de dinero y de cómo pese a que yo le "prohibía" por el bien de la defensa acudir a programas –nunca acudió a ninguno dando una lección de honestidad moral a los que decían que se iba a lucrar yendo de plató en plató al salir en libertad–, acabarían torciendo su voluntad acercándole con ese dinero el infierno que servía para calmar su angustia y desazón vital.

Fue entonces cuando desde la rabia y el dolor escribí una "Carta al Director", publicada en varios medios de comunicación, denunciando lo que me parecía el colmo de la mezquindad: el tratamiento informativo que se dio a la muerte de alguien que traté, defendí en los medios y en el juzgado, quise y cuidé como si de un hermano mayor se tratara.

La obscenidad del tratamiento incluía el que esa mujer de dudosa no sólo veracidad narrara la postura, desde las preguntas de los periodistas alimentando un morbo execrable, en la que el cadáver se encontraba, descendiendo a detalles escabrosos y a todas luces inmorales.

La carta, durísima y salida de las entrañas, publicada en diversos medios el día 18 de octubre de 2010, decía lo siguiente (he de decir que recibí correos y llamadas de compañeros abogados de toda España –e incluso de algún juez en activo–, que no conocía de nada, felicitándome por la misma):

"Como abogado del fallecido Antonio Puerta, me urge denunciar el tratamiento informativo de la luctuosa noticia, especialmente del programa de 'La Noria', emitido el sábado 16 de octubre. Lo de el sábado fue el colmo de la mezquindad más absoluta, me produjo nauseas ver cómo pagaron a una persona para que, con el cuerpo caliente todavía de Antonio, se lucrara, con dinero de la cadena, contando el final de una vida llena de dolor y desolación.

Son lo peor que he conocido –y he defendido genocidas argentinos, violadores, asesinos y otros, que tenían alma–, pero nada comparado con los responsables del programa, sujetos sin alma, compasión y humanidad, viviendo del morbo que alimentan, el dolor que producen y la miseria moral que atesoran.

Antonio nunca fue a su programa, siempre me encargué yo de que no fuera –me alegro de haberlo conseguido– y si al final, con el dinero que le ofrecían, iba a ir, era para conseguir más droga (estamos investigando profundamente si hubo un adelanto de dinero de la cadena y con ese dinero consiguió la droga para morir, pues sabían de su necesidad de drogarse sin remisión).

¿Qué decir de los insultos de M.A. Iglesias a Jesús Neira mientras se encuentra inconsciente, sin poderse defender, y en trance de fallecer? Creo que hemos tocado fondo y se necesita de forma imperiosa una limpieza moral en la sociedad.

Tengo dos hijos y créanme que les educaré en los valores que están en las antípodas de lo que el programa y su cuadrilla de gente sin alma, mercenarios de fortuna hecha con el dolor de otros, representan, y me reservo en nombre de la familia, y mío propio, el acudir donde haga falta a preservar el honor de Antonio, el que ustedes, responsables del programa La Noria, no conocen porque carecen de compasión.

Sólo espero que la vida no les dé un drama similar y tengan que ver como se comercia con esa desgracia".

Entonces, como he dicho, la idea de escribir estas páginas ya me rondaba, pero desaparecía, como la ola que se diluye en el mar ya sin apenas interés para el espectador, y volvía a llegar plena de fuerza cuando algún evento que tenía que ver con Antonio sucedía (ya fuera alguna declaración salida de tono de Jesús Neira –que las ha habido y muchas–, ya alguna noticia que nadie había contrastado conmigo y por ende era falsa e interesada, desde postulados propios de plumillas faltos de imparcialidad).

Hace años, cuando defendí un concreto procedimiento ante el Juez Baltasar Garzón, en el que también todo valió, ya se me dijo que escribiera y contara las peripecias de entonces, pero no tuve ganas o acaso estaba sin fuerzas, pero este intento fallido de llevar a un enfermo a un plató, negarle su condición de enfermo, jactarse en el programa su presentador de haberlo casi conseguido, sin un mínimo de vergüenza, cuando la hermana de Antonio entró en directo a denunciar la obscenidad de lo que acaecía, y la posterior exhibición pagada de una mujer –quienes la interrogaban no eran allí en ese momento mucho mejores–, me animó totalmente.

Ese día Isabel Puerta, su hermana, en directo, elevó al cubo la palabra dignidad, la que no conocían los que allí estaban, y estableció un momento de cordura en el asco que nos consumía, construyendo esperanza para los que no queremos un mundo así de sucio en el que todo vale.

No pretendo pues rendir cuentas con el pasado ni con nadie con nombres y apellidos, ni siquiera buscar justicia, que ya sería poética, y eterna, la que se pudiera lograr. Ni siquiera busco una absolución sobrevenida.

No creo en el más allá –me da vértigo pensar en qué habrá después–, pero, en esta etapa de mi existencia, cual escéptico esperanzado, creo cada vez menos en el más acá.

Sólo creo en el ser humano –y Antonio lo era–, en que hay que tapar las injusticias, arropar al que siente frío de vivir, consolar al afligido y calmar el llanto del que agoniza –más no desde una perspectiva religiosa, sino desde el dolor que siente el hombre, todos los hombres, por el mero hecho de serlo–.

Creo, por eso también escribo, que una vida sin retos o compasión es una existencia echada a perder, que debemos dejar un poso de humildad en el universo que nos vio nacer, experimentar con el otro el miedo que padece y le retuerce, abrazarlo y calmarle el llanto.

Y sobretodo escribo porque quiero que mis hijos me recuerden como un buen padre, que les pueda servir de enseñanza, no diría de ejemplo, estas líneas y que establezcan como objetivo aplicar el perdón con humildad y sinceridad.

Me alegra infinito, a todos nos alegra, el que Jesús Neira esté, mientras escribo, recuperado de su segundo accidente vascular en el cerebro –enésima prueba este otro episodio que a todos nos volvió a impresionar, de que los golpes de un Antonio "fuera de sí" no le causaron en modo alguno el daño que padeció, tal y como se relatará con informes médicos judiciales, y por el que se le mantuvo 18 meses en prisión preventiva–.

Sólo quiero contar, acaso también para futuras promociones de abogados, cómo no hay que desfallecer por mucho que el procedimiento se ponga cuesta arriba, que hay que perseverar siempre en el ejercicio de la profesión y que el Derecho de Defensa, con mayúscula, es tan sagrado, cuanto menos, como el de la vida (y esta afirmación fue mi motor en la defensa de un procedimiento, otro muy distinto que asumí hace años, en la que los hechos imputados eran tan espantosos, que me dolían incluso los ojos leyendo concretos pasajes del sumario).

Me urge pues contar cómo fue el procedimiento penal, ahora que se ha archivado y ya puedo contarlo

–el secreto ya no me obliga–, quién cumplió con sus obligaciones constitucionales, qué pruebas se practicaron, cuáles fueron silenciadas por la prensa, qué resultado absolutamente exculpatorio para Antonio aportaron las mismas, qué escritos, transcribiendo parte de los mismos por su importancia –y absolutamente entendibles para los profanos–, se presentaron, cómo se obvió su condición de enfermo drogodependiente, cómo el derecho penal se usó como castigo puro y duro y cómo la palabra reinserción fue una palabra sin contenido, vaciada de su natural esencia y prostituida con el aplauso del vulgo y los políticos.

No en vano, reitero, querría también si estas reflexiones vieran la luz, que los estudiantes de Derecho pudieran conocer, dicho desde la modestia, cómo se enfoca un procedimiento, que aprendieran a utilizar las reglas, amplísimas, del juego procesal penal y que siempre se dejaran la piel a tiras, literalmente, en el encargo constitucional de la defensa encomendada.

Me urge igualmente dar a conocer a Antonio, ese otro Antonio alejado de las infamias publicadas.

El Antonio enfermo que visitaba en prisión y salía siempre con su mochila a cuestas, aseado y pulcro, el que padeció una privación de libertad de 18 meses que le mató, el que me "engañaba" a veces y yo me dejaba, el que hablaba de poesía, de su generación, la destrozada por la heroína, el hijo amante de sus padres y el padre amante de sus hijos, pese a que no podía cuidar de ellos, incapaz de cuidarse a sí mismo.

Creo que tengo un deber ético con él –y su generación, la mía–, pues no en vano supe los últimos días de su vida, por sus visitas al despacho y llamadas que nos cruzábamos –siempre le recordaba los lunes que debía firmar semanalmente en los juzgados para que no se le pasara, y él falleció un martes, unas horas después de haber confirmado que firmó–, que denotaban una sensación de desesperación, que Antonio no viviría mucho más y siempre me quedará en la conciencia la pregunta de si pude hacer más por él.

SEGUNDO CAPÍTULO

CUANDO REPASO LO VIVIDO SE ME APARECE COMO UNA SERIE DE SECUENCIAS DE UNA PELÍCULA

Fue en junio de 2009, casi había pasado un año desde que todo se desencadenó, Jesús Neira ya se recuperaba de forma satisfactoria en su domicilio y Antonio cumplía entonces 10 meses en prisión preventiva –ahora se encontraba en la cárcel de Estremera, en la Carretera de Valencia, casi lindando con la provincia de Cuenca, después de su paso por el Centro Penitenciario de Soto del Real–, cuando me llamó un reconocidísimo, y muy querido, compañero para que me hiciera cargo del asunto.

Quería que yo expresamente defendiera a Antonio Puerta, después de que la familia llegara hasta él, pidiendo consejo profesional sobre la situación legal en la que se encontraba su hijo.

La familia entonces no estaba satisfecha –las defensas son así– con el abogado que habían contratado y querían un cambio drástico en el enfoque que se estaba dando.

Mi fama de luchador y la constancia, fortaleza y perseverancia que se les dijo aplico en las defensas que he venido asumiendo, me situaron –nunca estaré lo suficientemente agradecido a esa confianza que depositaron en mí– en la dirección letrada de la defensa de Antonio.

He de decir que siempre había estado muy "cerca" del asunto: yo vivo también en Majadahonda y he puesto gasolina en infinidad de ocasiones en la gasolinera anexa al hotel donde se produjo el encuentro, trágico, entre Antonio y Jesús Neira, el juez que estaba de guardia ese verano de 2008, y decretó prisión a Antonio, detenido en una clínica de desintoxicación en Alicante, tampoco me es nada ajeno, y la primera abogada que se hizo cargo de la defensa esos primeros días es también conocida mía en el día a día de la profesión.

Coincidían elementos, no creo fueran casuales –nunca nada es casual, ni siquiera que yo ahora quiera escribir–, que me condujeron con posterioridad a asumir la defensa.

Además, mi natural curiosidad por los temas de actualidad y de tribunales y lo especial del caso –médicos imputados en cadena por no hacer, presuntamente, determinadas pruebas, una persona que sale en defensa de una chica, también presuntamente, agredida y se convierte en héroe nacional, políticos fotografiándose colgando medallas a diestro y siniestro, y otros elementos, alguno trágico y muchos esperpénticos, me colocaban, como observador principal, muy cerca del devenir procesal del suceso y del proceso.–

Ni que decir tiene que una mezcla de vértigo –afín al encargo encomendado y directamente proporcional al ruido que desde entonces iba a tener que escuchar– y gran satisfacción personal y profesional, me inundó cuando fui elegido por fin para semejante empeño.

El mismo vértigo que padecí el día que, bien jovencito, se me encargó asumir la defensa de un delito que fue el que me cayó en la asignatura de Derecho Penal en el examen de la carrera: el delito de genocidio y el de crímenes contra la humanidad, los más graves que se contemplan en nuestro Código Penal. Ahí era nada.

Entonces la sensación de miedo –iba a tener enfrente a primerísimas espadas de la profesión que luego me enseñaron muchísimo– fue inmensa, pero no hay nada que con trabajo y perseverancia, y una pizca de intuición, no se logre.

Adoro mi profesión, estoy por vocación, como tantos compañeros anónimos, también en el turno de oficio y entiendo el derecho de defensa como algo consustancial a las democracias avanzadas, de tal manera que creo que una situación de indefensión, un acto de prevaricación, una resolución no fundamentada que afecta a derechos fundamentales o un juez estrella, suponen la quiebra misma del Estado de Derecho (con mayúscula obligada).

Recuerdo la primera visita a Antonio a la prisión.

Situada en un páramo donde el invierno se expone con toda su crudeza y el verano acaba con cualquier forma de vida, la prisión de Estremera ha sido la última en levantarse en la Comunidad de Madrid. Exactamente la séptima.

Y es que visto el hacinamiento de internos en otros centros y el abuso, obsceno, de la prisión preventiva que hacen los jueces, iremos construyendo más y más centros (España es el país de Occidente con mayor numero de presos por habitante……. y subiendo diariamente, pese a modificaciones de las leyes rebajando penas para liberar espacio donde entren nuevos inquilinos).

Y todavía hay tertulianos, impresentables, que van de medio en medio, pontificando sobre las "bondades", por su benignidad, de las penas en nuestro sistema penal, abogando por la cadena perpetua, sin conocer que en España no hay redenciones de penas por el trabajo y existe un máximo de condena de ¡¡hasta cuarenta años!! –algo que en los países con cadena perpetua, además revisable, no ocurre, cumpliéndose siempre menos privación de libertad que en nuestro país–).

A Antonio le habíamos visto todos los españoles entrando esposado, y custodiado, por dos guardias civiles de paisano al juzgado de Majadahonda, a donde fue conducido a prestar declaración desde la Clínica Cazorla de Alicante donde estaba ingresado por su polidrogodependencia y donde fue detenido cuando Neira entró fatídicamente en coma el día 6 de agosto de 2008 y su mujer acudió a denunciar lo que había acontecido, poniendo entonces la cabeza de varios médicos a disposición de los jueces.

Las imágenes de Antonio, bien parecido, con su sempiterna camiseta blanca ceñida, los vaqueros, las esposas en los brazos marcados por venopunciones antiguas y la madre, siempre su madre, en la puerta, de forma anónima, observando con infinito dolor el paso de su hijo, se repetían hasta la saciedad en todas las televisiones ese mes de agosto vacuo de noticias.

Soy de la opinión que si esos hechos, de los que Antonio se arrepintió en el mismo momento –cuando sucedió el incidente con Jesús Neira, un rato después se le detuvo llorando en el coche, destrozado por lo que había pasado–, hubieran ocurrido otro mes con verdaderas noticias o traído causa en, es un ejemplo, una discusión de tráfico, no hubiéramos sabido jamás de unos u otros, no habría existido un desfile, obsceno a veces, por distintas televisiones, ni se hubiera alargado tanto tiempo la privación cautelar de la libertad de Antonio.

Y es que en este país nuestro tan cainita, igual que cada español es entrenador de cualquier disciplina deportiva, y opina de lo divino y humano, también salen expertos en derecho por doquier –y aquí da igual que no sepan hacer la O con un canuto, como es el caso más habitual, que seguirán proclamando su verdad judicial desde la más absoluta indigencia intelectual–.

Ese primer día que le conocí, Antonio entró en los locutorios para abogados de la prisión como era él: educado, muy educado, limpio, como un vagabundo con todo su mundo a cuestas que era su mochila, con un toque acusado de incoherencia en el discurso, consecuencia de su prolongadísima adicción, hasta el punto de que el discurso "estrictamente lógico" con él era a veces casi imposible –después ya aprendí a tratarle y a desviar su atención cuando el deterioro, a veces más evidente, se mostraba y se desesperaba, no escuchándome–.

Entonces, los primeros días, me limitaba a calmar su desesperación y mi papel de abogado pasaba a un segundo plano, dando preferencia al elemento humano que clamaba ayuda de forma desesperada.

Toda su frustración, su impotencia, la expresaba, acusando en ese espacio lleno de colillas, pintadas contra otros letrados realizadas por otros compañeros, secretos de las defensas y frío helador que eran los locutorios de los abogados, a los cuatro médicos, entonces también imputados, que no supieron presuntamente –así lo denunció Isabel Cepeda la mujer de Jesús Neira cuando entró en coma– hacerle las pruebas oportunas a un enfermo que hasta en cuatro ocasiones acudió a urgencias después del golpe.

La denuncia, parada de forma incomprensible en el juzgado, exponía que su marido había acudido hasta en cuatro ocasiones a urgencias, con evidentes síntomas de que algo estaba sucediendo dentro del cerebro –es obvio que en otro caso no habría acudido–.

Explicaba también en cada visita hospitalaria que era hipertenso, que tenía un hematoma visible en la cara, que no se encontraba bien, que estaba anticoagulado y que tomaba el medicamento, específico y muy controlado siempre por los médicos, denominado Sintrom (que ayuda a que la sangre no se coagule y por ende ante cualquier golpe es muy fácil, como fue el caso, que se produzcan hemorragias internas, y las mismas haya que controlarlas de forma inmediata).

No entendía que él estuviera en prisión por un puñetazo y que los médicos se mantuvieran en libertad y no se hubiera vuelto a saber nada de ellos.

Además, por lo que escuchaba, todos lo sabíamos, parecía que la sombra de la Comunidad de Madrid era muy alargada y que existía, también desde la Fiscalía, una especie de pacto para que los mismos, y por ende la sanidad madrileña, no fueran condenados.

El descrédito para quien regía los destinos de la sanidad, en caso de condena, en un tema tan sonado, hubiera podido suponer su marcha por la puerta de atrás, y eso no se iba a consentir: la sanidad madrileña es la niña mimada de la clase política gobernante en la región y no permitiría, así se contaba en determinados mentideros, que fuera puesta en tela de juicio con una condena.

Antonio no entendía nada de lo que pasaba. Ser una pieza codiciada por el vulgo hambriento de muerte y venganza –el mismo, cuyas imágenes nos transportan a una época maldita de represión, miseria moral y hambre, que agrede a los abogados de los imputados del caso Marta del Castillo–, a él, amante de la libertad y eminentemente bueno, en el concepto machadiano de la palabra, le hundía y le conducía inexorablemente a refugiarse en "paraísos" archiconocidos.

De ahí la importancia extrema que yo debía dar en el procedimiento, me debía dar prisa, a la vista de la inacción que encontré, a las pruebas que nunca hicieron a Jesús Neira en los distintos hospitales de la Comunidad de Madrid y que hubieran, posiblemente, dejado traslucir cómo el hematoma intracraneal se estaba formando en el interior del cerebro y los signos, muy claros, externos –vómitos, dolor de cabeza, malestar y otros– se estaban sucediendo en esas horas fatídicas anteriores al coma y casi la muerte.

Y aquí hay que decir, y nunca dejar de alegarlo, de afirmarlo, que Jesús Neira en varios foros –yo traje esas pruebas al proceso como elemento a favor de Antonio y su lucha procesal– vino explicando, y afirmando, que esos signos externos aparecieron y que le abocaron a acudir a urgencias en cuatro ocasiones, para después haber decidido, respetable en todo caso su decisión, no seguir procediendo judicialmente contra los facultativos y dejar morir el procedimiento penal, como ha sido el caso, una vez fallecido Antonio.

Llegué a rastrear en Internet todas las entrevistas que concedió como nuevo héroe nacional –ni siquiera he pensado que él mismo se considerase tal, creo que fue un personaje fabricado desde fuera, muy a su pesar–.

Conseguí, ahora están todas en Youtube y el lector puede acudir a las mismas sin dificultad, la que le realizó Federico Jiménez Losantos –que en la promoción de su nueva entonces cadena de radio, Libertad Digital, le sacaba, con imágenes y música acompañando la tragedia, al mismo nivel que a Irene Villa y Ortega Lara–.

Recuperé otra de Jesús Quintero y alguna de la televisión madrileña en la que su periodista entonces de cabecera, Javier Esteban, que editó un libro al que luego me referiré, y el portavoz de la familia Javier Castro, incidían, como el mismísimo Jesús Neira en todas las entrevistas que concedió, en la presunta mala praxis médica. Ese discurso acusatorio, vuelvo a repetirlo, desapareció de forma inexplicable en sede judicial y dejó a Antonio solo frente a la acusación más grave.

Pues bien, todas ellas me las admitió la juez nueva que llegó, como un verdadero ángel al proceso, materializando la justicia que Antonio merecía –de hecho estaban ya incorporadas, y se hubieran visto en el juicio todas ellas, pues conseguí su admisión y aportación al procedimiento–.

Las mismas, esas claras confesiones, habrían servido para subsanar la "mala memoria" repentina que Jesús Neira demostró en el juzgado cuando declaró no acordarse de nada de lo que había sucedido en sus visitas a las urgencias de los distintos hospitales –algo que no se compadece en absoluto, y ahí están las hemerotecas, con la soltura acusatoria de las entrevistas televisivas y radiofónicas–. Que el lector saque sus conclusiones.

Antonio, exaltado a veces, desorientado siempre, no se explicaba la razón por la que el circo mediático –no se puede imaginar el lector el poder, inmenso, de la prensa en casos judiciales y cómo los jueces temen a los titulares de prensa– le había expulsado de su tratamiento de desintoxicación para depositarlo como un excremento humano, sin atención alguna –salvo los fuertes sedantes que se emplean en prisión–, en un centro penitenciario donde la droga estaba al alcance de su mano y no había día que no llegara a la misma (los lavabos eran el lugar en el que, así me lo narraba, la población reclusa drogodependiente, muy numerosa, accedía a sus dosis y las cámaras instaladas, que todo lo veían, eran testigos mudos y discretos).

Si no fuera trágico el hecho, parecería cómico que además le tocara compartir celda, durante algún tiempo, con un camello que surtía de heroína a quien lo necesitaba –en cuanto pudo pidió que le cambiaran, pues intentaba, sin éxito, salir de ese mundo aplicando todo su esfuerzo, casi siempre en vano, pues volvía irremediablemente a caer–. ¡¡Cuántas veces me dijo, nos dijo a todos, que lo dejaba, y así hasta que volvía a las andadas!!.

Mi experiencia con enfermos, como se relatará, hacía que nada más entrar en el locutorio de abogados supiera si había o no consumido.

Aquí he de decir que la experiencia también me ha mostrado, e internos con años de condena narrado, cómo es preferible un patio con droga que sin ella.

Piense el lector los estragos que cientos de personas con el síndrome de abstinencia pueden originar en las prisiones y cómo, al contrario, es un remanso de paz, sin alborotos ni disturbios, una prisión en la que los adictos consiguen su dosis sin mayor problema. Paradojas de la sociedad o una prueba más de la hipocresía y la inmundicia que nos inunda.

Soy consciente de que me muevo en el filo del secreto profesional, que hay cosas que no puedo contar –así será–, mas hay otras que debo narrar.

Estoy obligado a hacerlo, si quiero mostrar la cara más humana de Antonio y la verdad de un procedimiento que no hubiera concluido en modo alguno con una condena –o con una condena tan grave como se pedía por determinados tertulianos, verdaderos ignorantes que lo mismo opinan de fútbol que de un proceso judicial, desinformando a la sociedad–, a la vista de los informes médicos obrantes y resto de elementos probatorios, de descargo para Antonio, que conseguí se aportaran al procedimiento y que, salvo en este ejercicio de nostalgia obligada, no verían nunca la luz por no celebrarse ya un juicio oral en el que se pudiera defender con luz y taquígrafos, o lo que es lo mismo, con el principio informante del proceso penal que es la publicidad de las sesiones del juicio.

Era incomprensible para él en sus momentos de lucidez dentro de la prisión en la que se le iba la vida –escasos momentos a veces por la facilidad con la que consumía la droga que otros internos le facilitaban a precios desorbitados– la situación creada, y yo intentaba explicarle qué estaba sucediendo.

Le indicaba que los poderes fácticos del país, la cuota femenina del Gobierno y de la oposición –fruto de la injusta discriminación positiva–, las directrices claras a la Fiscalía para que le escarmentara y el clamor creado, le habían situado en el ojo del huracán, desviando la atención de los verdaderos problemas del día a día, fabricando un héroe –que nos merecía todos los respetos, y a él el primero, mas así era la figura creada– y un villano.

Con posterioridad, esos mismos políticos que entronizaron al héroe, le dejaron caer y vapulearon cuando ya no les sirvió, pero esa es otra historia que no me corresponde a mí contar y que me ha dolido igual por el ser humano que Jesús Neira también escondía dentro.

Nunca he consentido que nadie, delante de mí, hablara mal de él. Siempre he mostrado mi compasión por su sufrimiento, porque le he considerado una victima más de la clase política y mediática

TERCER CAPÍTULO

MIS PRIMEROS PASOS EN LA DEFENSA: RECOMPONIENDO LAS PIEZAS DE UN COMPLEJO ROMPECABEZAS

Siempre quise vivir en un Monasterio durante un tiempo, compartir la espiritualidad, tan alejada de la vida diaria con nuestras prisas y preocupaciones, de los monjes. Mirar hacia dentro huyendo del frío diario de fuera.

Escapar del ruido que nos acompaña diariamente, pasear, entregarme a la meditación, poner en orden mi vida después de unos años convulsos en el plano personal –¿cuándo no les tengo?–, y si acaso recuperar una fe perdida con lecturas filosóficas, acompañadas de los poemas más íntimos de Juan Ramón Jiménez –maravilloso su libro "Ellos"–, los que dedica a sus seres queridos, uno de mis poetas preferidos.

Ese verano de 2009, entonces ya era el abogado defensor de Antonio, el mes de agosto, tenía reservada una semana, los monjes no permiten más tiempo que ocho días y dos veces al año, una habitación en el Monasterio de Silos para compartir la vivencia íntima, alejada del estruendo mundanal, de los habitantes del monasterio.

Era una ocasión óptima para pensar sobre el procedimiento judicial y darle forma entre cantos gregorianos, paseos por las huertas, en las que ayudaba a los monjes más ancianos a regar al atardecer, y amaneceres prestos a la reflexión personal, pero también profesional.

La mente en calma, tan difícil en el día a día del resto del año, me ayudaría a esbozar los primeros escritos, los primeros pasos de un procedimiento penal en el que todo lo que pasara tendría un desmedido eco, una resonancia inusual en una sociedad que quería saciar su hastío vital, entonces era así, con la cabeza de Antonio y la destrucción de Violeta por políticamente incorrecta y creer, y querer, en la inocencia de su compañero.

Debía empezar solicitando la libertad provisional a la espera de juicio, sacar a Antonio de su encierro, del zulo mortal en el que iba deteriorándose, y pedir toda una batería de pruebas que no se habían instando en modo alguno –aquí hay que decir que la Fiscalía fue hasta el final del procedimiento más defensora de los facultativos imputados que garante de los derechos de Antonio, contraviniendo su deber de imparcialidad y de velar por la legalidad–.

Es así que construí mentalmente entre salmos, cantos gregorianos y paseos por el campo, lo que sería el primer escrito que presentaría a la causa, junto con otro pidiendo numerosas pruebas que entendía esenciales para su horizonte procesal, y que presentaría a principio de septiembre, cuando ya volviera la titular del juzgado de sus vacaciones –hay una regla no escrita que impide a un juez sustituto de otro por vacaciones, modificar la situación de sus presos, y con Antonio, era obvio, nadie se iba a atrever a hacerlo por el miedo a los titulares de prensa–.

Por eso debía esperar a septiembre para intentarlo.

De hecho, la juez, ya se ha dicho pero se recalcará con posterioridad, que le puso en libertad, demostró un garantismo absoluto, mostrando y demostrando que todavía se puede creer en la independencia de Jueces y Tribunales.

Debía esperar a que la titular, que había negado sistemáticamente a Antonio el pan y la sal, se reincorporara y cruzar los dedos para que ya entonces transcurrido un año, la Fiscalía, craso error esperar nada de ellos, no informara en contra de su puesta en libertad y le pudieran imponer una fianza.

Yo sabía que si la Fiscalía no se oponía tenía mucho ganado, pero también sabía que la misma, dependiente orgánicamente del Gobierno de turno, quería una castigo ejemplar para Antonio –así ha sido siempre en esta causa–.

Era el mismo lobby femenino, quien impartía las órdenes a la Fiscalía, que ven al varón como un enemigo a abatir, y que pretenden invertir la carga de la prueba para que sea él quien demuestre su inocencia en el colmo del despropósito de las garantías judiciales.

El escrito era duro, directo, sin ambages ni medias tintas, alegaba lo que entendía era un secreto a voces

–el linchamiento y la, según yo, presunta responsabilidad de los médicos imputados–, y pedía, de forma subsidiaria, que pudiera ingresar a curarse, debidamente controlado –aun cuando no habría riesgo nunca de que escapara–, en una clínica, pues Antonio era un enfermo que necesitaba de tratamiento, un tratamiento que en prisión no existía.

Expresamente alegaba que sólo desde un planteamiento hipócrita y alejado, tremendamente, de la realidad carcelaria podría asegurarse que la sanidad y la rehabilitación tenían cobijo en los centros penitenciarios al mismo nivel que fuera de ellos.

A continuación se transcriben, de ahí que se citará a los abogados y estudiantes de derecho, al principio del libro, como colectivo al que también iba dirigido este libro, los elementos más importantes del duro escrito presentado pidiendo la libertad en septiembre de 2009 –que por su contenido, incidiendo en el fondo del asunto y en elementos que entiendo esenciales que conozca el lector sobre el fondo de la causa creo que será igualmente comprendido por los profanos–.

Y es que entiendo la profesión de abogado como una actividad en la que la cobardía no ha de tener cabida. Fíjese el lector cómo había motivos suficientes para dejarle en libertad y compruébese, en la negativa que existió, la orgía acusatoria que contra él existía y la injusticia material que se estaba produciendo:

"(...)"

Que por medio del presente escrito venimos a interesar del juzgado, al que respetuosamente nos dirigimos, <u>la modificación de la medida cautelar que padece nuestro mandante</u>.

Como preámbulo hay que significar lo siguiente con relación a los hechos y a lo que rodea a los mismos:

1º Que existe una situación que podemos denominar "<u>jurídica-mediática</u>" creada, contraria de todo punto a lo que debe ser un Estado de Derecho (y que de una <u>forma instintiva y/o mimética ocasiona que los jueces y fiscales no sean ajenos a la misma, en claro perjuicio del imputado y sus derechos constitucionalmente protegidos, entre los que se encuentra el derecho a la libertad</u>).

2º De este procedimiento judicial todo el mundo opina con un claro ánimo de venganza contra nuestro mandante: desde "indigentes intelectuales", tertulianos de programas basura que alimentan espiritualmente a una franja amplia de la sociedad, hasta políticos, pertenecientes a todo el espectro político, que se hacen fotos en pos de votos y se personan, o lo intentan, en el procedimiento, <u>dejando de lado la mesura y la imparcialidad que les es obligada.</u>

3º Que no todo vale, o debería valer, y que esa "orgía acusatoria" que no nos cansaremos de denunciar, <u>socava los derechos que tiene, y son protegidos, o deberían serlo, por la C.E., nuestro mandante</u> (examínese la "categoría intelectual" –lo decimos con todos los respetos pero ahí están los "creadores" de opinión pública– de quienes vienen, con un discurso falso e interesado, condenando de antemano a nuestro representado, <u>y extráigase</u>

<u>cómo se vulnera frontalmente el derecho a la tu-
tela judicial efectiva y a un proceso con todas
las garantías, hasta el punto de dudar que tenga
un juicio justo</u> (no lo está teniendo en la medida
que existe esa "orgia acusatoria" a la que nadie
pone freno y se le niega de forma sistemática la libertad y pruebas concluyentes).

4º Debería haber existido una acción enérgica
del CGPJ –vía el juzgado de Instrucción y Fiscalía–
que hubiera evitado hablar –o escupir palabras– de
determinada manera y en foros concretos, del
asunto, condenando ya, reiteramos, a Antonio
Puerta <u>y materializando lo que no será ya un juicio con todas las garantías.</u>

Entendemos que la imparcialidad, y tranquilidad
–entendida desde el sosiego necesario–, del órgano
instructor, fundamental en un Estado de Derecho,
se perturba con fastos, programas de radio y TV,
presentaciones de libros, eventos diversos, tertu-
lias, homenajes y otros, <u>que atentan contra el derecho de defensa y a un proceso con todas las
garantías</u>.

5º Las figuras del "villano" y el "héroe", materia-
lizadas por políticos siempre raudos, lo volvemos a
decir, a hacerse la foto en busca de votos, han in-
flingido –<u>desatendiendo la tranquilidad y objeti-
vidad obligada con la que hay que tratar un
asunto no enjuiciado</u>– grandes destrozos –no sabe-
mos si subsanables– al derecho de defensa del imputado.

6º ¿Alguien se cree que no exista un **terror evidente a los titulares de prensa** –escritos desde el desconocimiento más absoluto de la L.E.Cr., la realidad de lo acaecido y las normas que regulan la excepcionalidad de la prisión preventiva– **por parte de quien debe decidir modificaciones en su situación personal**?.

¿Existiría en cualquier otro procedimiento similar, con **los antecedentes de desatención médica plural y evidente del perjudicado**, plasmados en el libro, "Diario de Jesús Neira", escrito por el periodista D.Javier Esteban -del que se aportan determinados extractos muy concluyentes-, existencia de **bacterias hospitalarias que minaron al perjudicado durante su estancia en el hospital**, una **polidrogodependencia duradera -desde el año 1991- y probada del imputado** y unas **circunstancias complejísimas de salud en el perjudicado que le abocaron al resultado acaecido**, una situación privativa de libertad vigente después de un año?.

6º Pedimos **coraje** y que se dé a cada uno lo suyo (no es otra la tarea de jueces y Tribunales, que deben ser ajenos, más que nunca en este procedimiento, a las opiniones extrajudiciales y amenazas de quien no cree en Estado de Derecho alguno).

No se olvide que una mentira no se convierte en verdad porque todo el mundo crea en ella.

PRIMER MOTIVO

EN CUANTO A LA INEXISTENCIA DEL RIESGO DE FUGA EN LA PERSONA DEL SOMETIDO A PRISIÓN PREVENTIVA (se incardina el hecho de que <u>nunca diera un domicilio falso</u>, tal y como, de forma errónea, se viene relatando en distintas resoluciones).

PRIMERA.- No cansaremos, con folios y folios de inútil cita de jurisprudencia, al órgano judicial que debe fiscalizar la petición.

Simplemente, dando por reproducida toda la argumentación que existe sobre la excepcionalidad de la prisión preventiva –y cómo el transcurso del tiempo, <u>¡¡un año ya!!</u>, aminora el riesgo de fuga y abre la posibilidad a su modificación–, <u>incidiremos en determinados extremos que deben producir un cambio de la medida tan gravosa de prisión preventiva.</u>

SEGUNDA.- En palabras del Tribunal Constitucional, como de sobra es conocido, los riesgos de fuga –<u>que negamos existan</u>– deben ponderarse en relación con otros elementos relativos tanto a las características personales del inculpado –arraigo familiar múltiple, profesional y social, los medios económicos de los que dispone etc.– como las que concurren en el caso enjuiciado.

Dígasenos dónde podría escaparse Antonio Puerta con una situación de salud quebrada, un cuadro diabético y una mente fija, y al día de los hechos nos remitimos, en la ingesta de droga.

Imputados muy conocidos, políticos corruptos y otros, "adosados" a los mismos, se encuentran en libertad pese a que se les supongan ingentes cantidades de dinero, amistades poderosas, con un amplio patrimonio inmobiliario, en paraísos fiscales –y por ende una oportunidad de oro, nunca mejor dicho, para escapar–. **¿Cómo suponer de nuestro mandante, vulgar mortal, que se va a sustraer de la acción de la justicia?.**

Supone su permanencia en prisión, máxime <u>la situación de clara mejoría de la que nos alegramos muchísimo</u> –elemento que debería por sí solo modificar la situación de prisión preventiva y a su gran actividad pública nos remitimos- de D. Jesús Neira, <u>una suerte de prisión preventiva dirigida desde los medios</u> (hace ya muchos años, el sociólogo francés Jean Baudrillard denunció "que la realidad había muerto y que ya sólo existía lo que sucedía en televisión").

TERCERA.- Pues bien, concurren las siguientes circunstancias personales –y otras relacionadas con el procedimiento- que exigirían la modificación de la medida impuesta:

1º Existencia de una pluralidad –a **falta de uno aportamos varios en los que podría fijar su residencia**- de domicilios familiares, <u>que pueden ser comprobados por el órgano judicial</u> y que se acreditan con la documentación que aportamos, y la que consta, o debería constar, en su pieza de situación personal.

2º Presencia de una situación psíquica muy concreta y grave que ocasiona el que reciba un complejo tratamiento en prisión – **se pedirá se oficie, en su caso, a los servicios médicos del Centro Penitenciario para que nos ilustren sobre la medicación que tiene prescrita el imputado desde el primer día que ingresó en prisión-**.

Aquí introducimos un hecho que revela las carencias -algo inaudito en un Estado de Derecho- de la administración penitenciaria, y es el que nuestro representado **<u>no haya sido visto por un especialista en salud mental </u>** (son los médicos, no especialistas, los que le facilitan su medicación, sin que en un año le hayan realizado un seguimiento mas concreto de su dolencia psíquica).

¿Cómo se puede decir, a efectos de no aplicarle el tipo atenuado de prisión que en su día se instó **<u>y ahora, de forma subsidiaria, volvemos a pedir</u>**, que la administración penitencia se ocupa de la salud de los internos?.

CUARTA.- En cuanto al hecho, que **<u>no se ajusta a la verdad, de que diera un "domicilio falso" y no se le encontrara en el mismo</u>**, habría que manifestar lo siguiente:

<u>A) Es un domicilio verdadero del mismo</u> -el de la empresa familiar-, tal y como acreditamos con certificados de la Agencia Tributaria y de distintos bancos, en el que recibe documentación y correo -y por ende cualquier citación que se le hubiere hecho llegar por el juzgado, **<u>¡¡pues el señalamiento exigido lo era a efectos de notificaciones!!</u>** – (véase la declaración de fecha 3 de agosto de 2008, del mismo, donde consta cómo se le insta para que designara un domicilio **<u>a efectos de notificaciones</u>**).

B) No incumplió en momento alguno la obligación de presentarse ante el órgano instructor cuando hubiere sido llamado, ni la presentación o personación "apud acta" (nunca hubiera dejado de presentarse, **pues todo fueron facilidades por parte de su pareja para localizarle** –véase el folio segundo del atestado de fecha 11 de agosto de 2008 **donde la Guardia Civil reconoce ese extremo**- cuando se instó averiguar su paradero por el juzgado). **Es Violeta la que comunica dónde se encontraba Antonio.**

C) Obsérvese la realidad del domicilio dado, que lo era, reiteramos, a efectos de citaciones y **no de la obligación de permanecer en el mismo** –no se le prohibió que abandonara Madrid en modo alguno-, **que constituye el domicilio fiscal** –domicilio importantísimo en la vida de una persona el mismo- y de otros bancos, desde hace muchos años-.

De hecho el domicilio estaba cerrado, según la Guardia Civil en su atestado de fecha 10 de agosto, **precisamente por ser agosto y ser unas oficinas**. ¿Cómo iba a pensar Antonio Puerta, después de salir en libertad, que iba a suceder lo que aconteció, y que le iban a buscar inmediatamente al domicilio que indicó?.

¿Qué obligación, salvo recibir en el mismo notificaciones, tenía, de permanecer sin moverse del tan citado domicilio?. ¿Cuánto tardaron en dar con él, ayudando sus más allegados a los funcionarios actuantes a localizarle?

D) Pero es que además, Doña. Violeta Santander, declaración de la misma de fecha 2 de agosto de 2008 ante la Guardia Civil, dio igualmente como domicilio del imputado el del Paseo de la Castellana XXX (si fuera falso debería actuarse contra la misma de forma inexcusable).

En idéntico sentido, el auto que acuerda la detención señala **¡¡que no se le localiza en los domicilios que facilitó!!**, **no que fueran falsos** –elemento el de la falsedad que sí supondría, y no es el caso, que quería sustraerse a la acción de la justicia-.

SEGUNDO MOTIVO

EN CUANTO A LA PROCEDENCIA DE LA LIBERTAD PROVISIONAL DERIVADA DE OTROS ELEMENTOS QUE INCIDIERON, O LO HACEN AHORA, EN LOS HECHOS OBJETO DE LA INSTRUCCIÓN.

PRIMERA.- Nos referimos a:

1º La situación **probada de polidrogodependencia**, duradera **–¡desde el año 1991!!–**, tal y como consta en los plurales informes obrantes en las actuaciones (no debe ser pasado por alto este extremo, **pues supondría sólo tener en cuenta los datos que perjudican al imputado y obviar los extremos que le podrían –deberían– beneficiar, algo impensable en un estado de derecho**).

2º Los rasgos "desajustados" del mismo, que, a tenor de los distintos informes, y a modo de "reacción mental en cortocircuito", **"podrían representar un factor de riesgo para la adaptación del peritado a su entorno en relación a la trasgresión de la norma social, pudiendo estar exacer-**

<u>**bado además por el consumo de drogas**</u>" -informe pericial psicológico de fecha 23 de diciembre de 2008 realizado en Colmenar Viejo).

3° La mala praxis, se diga lo que se diga, de los profesionales que le trataron en su periplo, de centro en centro médico, a Jesús Neira -se aportan sus ultimas manifestaciones, en el diario "El Mundo", de fecha 26 de julio 2009, reconociendo cómo le abocaron a ese estado al no hacerle las pruebas oportunas, así como extractos del libro escrito sobre el mismo por el periodista y amigo de la familia D.Javier Esteban-. **Sobre este extremo hay que escuchar todavía al perjudicado.**

En el libro, a modo de ejemplo, se puede leer lo siguiente:

Páginas 46 y 47, "(...) Entre el día dos de agosto en que recibe la paliza y el día seis, en que cae en coma a consecuencia del derrame causado, **Jesús fue empeorando a marchas forzadas, sintiendo dolores, mareos, vómitos y calambres.** Por eso visitó una casa de socorro, dos veces las urgencias del viejo hospital Puerta de Hierro y una vez las del Hospital de Móstoles, además del examen que le hizo la forense del juzgado tras la denuncia su agresor. **Ninguna de aquellas visitas sirvió para que le prescribieran un TAC, prueba que habría descubierto el derrame y quizá hubiera impedido sus efectos**".

"(....) mientras se desangraba poco a poco por dentro, Jesús pasó por u autentico vía crucis hospitalario. **Los cuatro médicos que lo vieron antes de que** se produjera el derrame ignoraron un dato fundamental: una persona medicada con el aniticoagulante Sintrom es especialmente vulnerable a los golpes, sobre todo si los ha recibido en la cabeza. La forense sí fue capaz de ver un hematoma en la sien, donde había recibido el golpe que ellos no vieron. Despistados por sus heridas y daños en las costillas, ninguno de los facultativos pensó que los dolores de cabeza podrían tener otro origen que los golpes en la cara. La falsa impresión de que no había perdido el conocimiento tal vez señaló el camino incorrecto y tampoco quisieron molestar a un especialista cuando se quejó. El ojo clínico brilló por su ausencia tres veces".

Pagina nº78.-

"(...)"Su desconfianza abre puertas a lugares oscuros donde revive entre sombras el calvario hospitalario que padeció los días previos al derrame. Recuerda vagamente como iba empeorando, hasta que aquella tarde se quedó adormilado, le pesaba la cabeza y la lengua, apenas podía pronunciar unas palabras".

"(...) Si no le salvaron entonces, tampoco le salvarán ahora".

Pagina nº95.- "Entonces recuerda haber ido varias veces al hospital a que le vieran los golpes que tenía en la sien y por toda la cara". "Jesús no sólo tiene que asumir que un tipo le haya dado una injusta paliza.... Sino que tiene que procesar y aceptar que se han producido unos errores médicos y que, como consecuencia de ellos, el daño que se podía haber evitado se ha manifestado en toda su plenitud."

Página 96. –

"La película del proceso de **negligencia medica** se puede resumir de la siguiente manera (y detalla su periplo por distintos centro hospitalarios) "(...)".

97.- "(...)" Uno a uno bien asesorados, negaron que Jesús les hubiera referido los golpes en la cabeza o que se hubieran mostrado síntomas que hicieran necesario el examen de su cerebro mediante un escáner". "Esa defensa partía de responsabilizar al paciente de no haber informado, pero lo que dice el derecho es que los médicos deben actuar conforme a su saber, no al del paciente. Además las circunstancias de cada uno de los médicos eran muy distintas"

"(...)" Y a pesar de que hemos tenido dificultades importantes con la Comunidad de Madrid, parece que tendrán que acabar reconociendo los errores de atención medica".

110.- La familia Neira, abandonada a su destino por unos servicios públicos que no prestaron la atención debida a Jesús... (...)".

197.- "(...)" ... lo que empezó siendo como un ejemplo mal atendido en urgencias es hoy el orgullo de este hospital y de la sanidad de Madrid.

Página 122.- "la situación de Neira es muy grave, ha sufrido un enorme derrame cerebral al que ha estado expuesto demasiado tiempo, es muy poco probable que sobreviva, y quizá sea lo menos malo, porque si vive tendrá graves consecuencias, eso sin descartar el peligro de que alguna bacteria hospitalaria le afecte."

Pagina nº118.-

Desgraciadamente no era así. El derrame estaba inundando su cráneo…. Isabel se ha reprochado muchas veces no haber reaccionado antes, pero ella no es medico. Y Jesús pasó por cuatro médicos aquellos días… ".

4º Los antecedentes médicos, muy determinantes en el resultado ocasionado, del perjudicado (así lo determinan las dos forenses del juzgado en el informe de fecha 29 de abril de 2009 cuando señalan **"no obstante consideramos que los antecedentes del paciente han sido determinantes en la severidad del cuadro padecido ya que estos enfermos pueden experimentar este tipo de hemorragias ante traumatismos craneales de escasa entidad"**), y también la agravación que padeció en el hospital a consecuencia de varias bacterias, tal y como se relate en el libro que ya hemos indicado.

5º La <u>notabilísima mejoría de D.Jesús Neira</u>, dato que <u>también se nos antoja esencial para imponer otras medidas cautelares.</u>

Pues bien, la pregunta sería –en orden a mantener o no al imputado en prisión–: **¿le es imputable el resultado ocasionado, de forma directa, a nuestro mandante, o esa concatenación de circunstancias, ajenas al mismo, incidieron de forma muy poderosa en lo que acaeció sin que el mismo tuviera el pleno dominio de los avatares, o vicisitudes, que iban sucediéndose?.**

Entendemos por tanto que la medida de prisión adoptada carece de justificación razonable, sin que tampoco aparezca motivada en este momento procesal la estricta necesidad que podría fundamentarla, por lo que incide manifiestamente en inconstitucionalidad al afectar al derecho constitucional a la libertad.

Y es por lo que,

SOLICITO AL JUZGADO: Que por presentado este escrito –y tras las averiguaciones oportunas o actuaciones procesales que tenga a bien practicar– acuerde: 1º modificar la situación de prisión que grava a nuestro mandante, a la vista de las consideraciones expuestas y con las obligaciones que se consideren oportunas, **(presentación semanal o diaria ante la autoridad judicial o la policía, vigilancia policial las 24 horas del día, el uso de los medios electrónicos de control que se entiendan necesarios, cualquier otra cautela que se estime menos gravosa que la prisión preventiva),**

2º De forma subsidiaria interesamos pueda ingresar en un centro de rehabilitación –con las mismas medidas cautelares que hemos señalado de vigilancia y aseguramiento, si fuere el caso–, **<u>para poder seguir con el tratamiento que su detención interrumpió</u>** (y es que **sólo un planteamiento hipócrita y alejado, tremendamente, de la realidad carcelaria podría asegurar que la sanidad y la rehabilitación tienen cobijo en los centros penitenciarios al mismo nivel que fuera).**

"(...)

Pues bien, presentado el escrito ese mismo día de septiembre que se contiene como fecha del escrito

-más de un año después de decretarse la prisión de Antonio-, y como es preceptivo, se dio traslado a las acusaciones personadas, al Ministerio Fiscal y a la representación procesal, siempre de trato exquisito, caballeroso y garantista, de Jesús Neira, quienes se opusieron -obvio en el segundo caso mas incomprensible en el primero, salvo directrices bien claras recibidas-, resolviendo la Magistrada unos días después con una resolución paupérrima, dictada con la misma inercia acusadora contra Antonio Puerta con la que venía actuando en este asunto, con ganas de acabar la instrucción, eran obvias su prisas al no querer practicar prueba alguna, y perder de vista el procedimiento.

La resolución vulneraba todo el articulado de las leyes que se refieren a la obligación de Jueces y Magistrados de fundamentar sus resoluciones -más cuando, como era el caso, se incidía directamente en derechos fundamentales como era el de la libertad personal y la integridad física y psíquica de Antonio-.

Si en los procedimientos penales es harto conocido que el juez que te toca en suerte condiciona el desarrollo del asunto, en este que nos ocupa como núcleo del relato fue clarísimo el axioma, pues más adelante, ya se contará, tuvo que llegar la juez nueva, valiente y garantista, al juzgado, sustituyendo a la titular que pidió otro destino, para reponer a Antonio en los derechos que la titular le venía sistemáticamente negando sin fundamentación alguna y desde un posicionamiento "pro acusación" -hasta el punto que presenté un incidente de recusación, excepcionalísima medida que se utiliza, contra ella, al entender que se posicionaba, aun de forma mimética o instintiva, con el discurso de la acusación y favorecía siempre sus postulados, incidente que con su nunca suficientemente celebrada marcha, dejé sin efecto–.

Y aquí hay que citar, sin descanso, la labor maravillosa que desempeñó mi procuradora, Marta Sillero, quien se dio cuenta, como yo, desde el primer momento, de la injusticia que se estaba materializando y que constituyó una ayuda impagable en los momentos de soledad y bajo ánimo, que no fueron en absoluto pocos.

CUARTO CAPÍTULO

LA IMPORTANCIA DE LAS PRUEBAS QUE DEMOSTRABAN SU INOCENCIA: DE INFORMES FORENSES Y PRUEBAS REINAS EXCULPATORIAS

En esa primera toma de posición personal y profesional con el proceso, preparé también toda una batería de pruebas que entendía esenciales, y que lo son aun hoy, sin juicio, para demostrar, y así ha quedado probado, desde mi punto de vista profesional, cómo Antonio no había ocasionado en Jesús Neira los daños que se le imputaban.

Nunca antes, de forma incomprensible, se habían instado por las distintas representaciones –ni por el Fiscal en su papel obligado de defensor de la legalidad– ni, era ya mucho pedir, por la entonces titular (de oficio podía haberlo hecho), del juzgado.

Antonio pues, como enemigo a abatir, como pieza que pagara los platos rotos de la execrable siempre violencia de género y de las estadísticas de mujeres asesinadas.

Pues bien, fue descorazonador cómo se dictó una resolución, parca y sin fundamentación alguna, por esa entonces titular del juzgado, ¡¡con fecha del día siguiente de la presentación de mi escrito!!, sin dar traslado a las partes y sin tiempo, es obvio, de leer siquiera lo pedido, negando todas y cada una de las pruebas que solicitaba.

Eran las siguientes (obsérvese la importancia de las mismas y la presunta responsabilidad de otras personas, a la vista del periplo de Jesús Neira por distintos hospitales, en lo que acaeció):

"(…)"

PRIMERO.– Que es motivo del presente escrito aportar diversos fragmentos del libro que se ha escrito sobre D.Jesús Neira, **"Diario de Jesús Neira", Editorial Temas de Hoy**, publicado por su amigo **D. Javier Esteban**, basado en lo que el autor vivió al lado del mismo y su familia –y las "confidencias" de los citados en los días en los que estuvo hospitalizado–.

SEGUNDO.– Además, a la vista del citado libro –y en sede del derecho de defensa y a un procedimiento con todas las garantías– <u>**interesamos una serie de diligencias de prueba**</u> que tienen que ver, <u>**además de con otros aspectos**</u>, con lo en él relatado (el libro ha sido autorizado por el perjudicado, consta en el mismo cómo dio su visto bueno en el centro hospitalario en el que se encontraba ingresado –página n°48– a su redacción, ha participado la familia activamente en su presentación – y difusión– y no ha existido una rectificación posterior que hubiere sido instada por D. Jesús Neira <u>quien, a mayor abundamiento, con fecha 26 de julio pasado –se aporta el ejemplar– relataba en el diario "El Mundo" cómo existió esa negligencia cuya investigación ha cesado</u>).

Quiérese decir que lo que se contiene se ajusta, según el testimonio del autor, a lo que pudo suceder, siempre según lo vivido por él directamente <u>y lo que le fue relatado por dos testigos esenciales, el perjudicado y su esposa, Doña Isabel Cepeda </u>(véase a tal efecto la declaración de la citada ante el órgano instructor y cómo denuncia, de forma contundente, la actuación de los profesionales médicos).

TERCERO.– En idéntico sentido **se pide la de**claración del perjudicado, D.Jesús Neira, quien hasta el momento <u>no ha declarado con relación a los episodios hospitalarios</u> (su declaración <u>es esencial</u> a la vista de las <u>discordancias evidentes entre el testimonio de los médicos, lo que consta en el libro como narrado por él y su familia y lo que declara en el diario El Mundo</u>: el cúmulo de despropósitos en clave de falta de asistencia medica, que desembocó en su actual situación personal).

Este dato, el hecho de que no haya declarado el mismo, ocasionaría la nulidad del informe pericial de la medico forense del juzgado –<u>nulidad de pleno derecho por causar indefensión</u>–, de fecha 29 de abril de 2009, precisamente por haberlo realizado sin tener en cuenta, y ¡¡**<u>dando por buenos exclusivamente las declaraciones de los médicos!!</u>**, lo que el perjudicado pudiere manifestar sobre lo que dijo, o no, a los facultativos que le trataron.

Salvaríamos de la hipotética nulidad la aseveración contenida en el informe, en la **<u>conclusión tercera</u>**, que se refiere a **<u>cómo los antecedentes del paciente han sido determinantes en la severidad del cuadro producido</u>**, al ser un elemento objetivo que no admite prueba en contario **<u>(quizás la única circunstancia de toda la causa que no admite prueba en contrario).</u>**

Es esencial el testimonio del mismo, a la vista de cómo los facultativos imputados, puestos de común acuerdo y con la misma defensa letrada –lo entendemos como elemento determinante pues no conociéndose de nada designan "casualmente" al mismo profesional– (**así lo hace constar también el autor del libro, a modo de "extensión" en aquel momento del perjudicado, D. Jesús Neira**).

Pues bien, los meritados imputados siguieron las mismas consignas de defensa: **negar que les informara que le dolía la cabeza, que estuviera desorientado, que el golpe lo hubiera recibido en la cabeza, la existencia de vómitos y otros extremos que se nos antojan fundamentales** y que el informe no ha tenido en cuenta, exonerando "porque sí" a los médicos imputados.

Ya sólo la declaración de Doña Isabel Cepeda debería haber servido para poner en cuarentena su declaración como imputados a la hora de valorarla por las dos forenses –declaración en la que tenían derecho a mentir, no se olvide–.

CUARTO.– No puede cerrase la investigación contra los facultativos tantas veces citados, dejando a nuestro mandante a los "pies de los caballos", <u>sólo con un informe que tiene un "aroma", lo decimos con todos los respetos, a corporativismo importante</u> (véase también a tal efecto cómo se niega en el informe que no se relatara dolor de cabeza alguno, cuando en el Hospital de Móstoles consta expresamente "cefalea" <u>y cómo se obvia el hecho de que ingresara con un traumatismo craneoencefálico, que nadie antes observó, el fatídico día que entra inconsciente</u>).

No querríamos pensar que tuviera un peso "definitivo" –por mor de la dependencia en todos los órdenes de unos y otros de la misma– la Comunidad de Madrid en todo lo anterior (ninguno somos ajenos al conocimiento de las presiones que este procedimiento ha suscitado en tantos órdenes).

Amen del hecho de la dependencia de los médicos forenses del juzgado y los facultativos examinados, de la Comunidad de Madrid, con lo que ello conlleva, en idéntico sentido, entendemos que dos médicos forenses –del cuerpo de forenses– no deberían fiscalizar –es obvio– el actuar de otra forense del juzgado –la profesional que le examinó el día tres de agosto en funciones de guardia–, si bien no imputada pero testigo también esencial –así se nos antoja–, por lo que tiene, o tendría, de perdida de la obligada imparcialidad.

Y es que, a mayor abundamiento, **no se preguntó a los médicos denunciados por el hematoma en la sien que la citada había visualizado, y constatado, y ellos no.**

Es en esta línea argumental **donde igualmente interesamos su declaración como testigo** (no se olvide que es la única profesional que señala la existencia de un **hematoma en la sien**, amen de otros muchos, **que no fue constatado por ningún otro profesional** y que podría ser **ya reflejo en aquel momento del inicial derrame que se estaba formando, como consecuencia de las circunstancias que existían en la salud, ya muy quebrada, de D.Jesús Neira**).

QUINTO.-

A.- DILIGENCIAS QUE SE INSTAN RESPECTO A LA SUPUESTA NEGLIGENCIA DE LOS MEDICOS QUE LE TRATARON (JUNTO CON LA DECLARACIÓN DE D.JESÚS NEIRA).-

1) Declaración de la medico forense, Doña B.L., en funciones de guardia el día 3 de agosto de 2008, para que nos ilustre sobre las lesiones que tenía D.Jesús Neira en el momento en el que fue explorado por la citada. Su informe es muy importante, ya lo hemos dicho, para observar cómo entonces reflejaba determinados elementos que indicaban hematomas en la cabeza e indicios de que algo iba "mal" (**el hematoma ya indicado en la sien** –la cabeza–, lugar concreto donde luego ocurre el derrame, **<u>y los episodios arrítmicos con una patología cardiaca que también se constata</u>**, entre otros datos).

2) Declaración del autor del libro, que podrá ser citado por medio de su editorial o instando de la representación del perjudicado, al ser amigos, su domicilio, para que ratifique lo en el citado expuesto y que tiene que ver, fundamentalmente, **con las acusaciones, profusas y reiteradas, de mala praxis profesional hacia los médicos que trataron al denunciante** (si bien todos somos testigos de cómo ese inicial furor acusatorio ha desaparecido de forma increíble, suponiendo ese no actuar "injusto" –por lo que tiene de imputar a D.Antonio Puerta algo de lo que no es responsable–, **<u>un menoscabo del derecho de defensa del anterior</u>**).

En el libro, a modo de ejemplo, se puede leer lo siguiente:

Páginas 46 y 47, "(...) Entre el día dos de agosto en que recibe la paliza y el día seis, en que cae en coma a consecuencia del derrame causado, **Jesús fue empeorando a marchas forzadas, sintiendo dolores, mareos, vómitos y calambres.** Por eso visitó una casa de socorro, dos veces las urgencias del viejo hospital Puerta de Hierro y una vez las del Hospital de Móstoles, además del examen que le hizo la forense del juzgado tras la denuncia su agresor. **Ninguna de aquellas visitas sirvió para que le prescribieran un TAC, prueba que habría**

descubierto el derrame y quizá hubiera impedido sus efectos".

"(....) mientras se desangraba poco a poco por dentro, Jesús pasó por u autentico vía crucis hospitalario. **Los cuatro médicos que lo vieron antes de que se produjera el derrame ignoraron un dato fundamental: una persona medicada con el anticoagulante Sintrom es especialmente vulnerable a los golpes, sobre todo si los ha recibido en la cabeza. La forense sí fue capaz de ver un hematoma en la sien, donde había recibido el golpe que ellos no vieron.** Despistados por sus heridas y daños en las costillas, ninguno de los facultativos pensó que los dolores de cabeza podrían tener otro origen que los golpes en la cara. **La falsa impresión de que no había perdido el conocimiento tal vez señaló el camino incorrecto y tampoco quisieron molestar a un especialista cuando se quejó. El ojo clínico brilló por su ausencia tres veces".**

Pagina n°78.–

"(...)"Su desconfianza abre puertas a lugares oscuros donde revive entre sombras el calvario hospitalario que padeció los días previos al derrame. Recuerda vagamente como iba empeorando, hasta que aquella tarde se quedó adormilado, le pesaba la cabeza y la lengua, apenas podía pronunciar unas palabras".

"(...) Si no le salvaron entonces, tampoco le salvarán ahora".

Pagina n°95.- "Entonces recuerda haber ido varias veces al hospital a que le vieran los golpes que tenía en la sien y por toda la cara". "Jesús no sólo tiene que asumir que un tipo le haya dado una injusta paliza…. Sino que tiene que procesar y aceptar que se han producido unos errores médicos y que, como consecuencia de ellos, el daño que se podía haber evitado se ha manifestado en toda su plenitud."

Página 96. –

"La película del proceso de **negligencia medica** se puede resumir de la siguiente manera (y detalla su periplo por distintos centro hospitalarios) "(…)".

97.- "(…)" Uno a uno bien asesorados, negaron que Jesús les hubiera referido los golpes en la cabeza o que se hubieran mostrado síntomas que hicieran necesario el examen de su cerebro mediante un escáner". "Esa defensa partía de responsabilizar al paciente de no haber informado, pero lo que dice el derecho es que los médicos deben actuar conforme a su saber, no al del paciente. Además las circunstancias de cada uno de los médicos eran muy distintas"

"(…)" Y a pesar de que hemos tenido dificultades importantes con la Comunidad de Madrid, parece que tendrán que acabar reconociendo los errores de atención medica".

110.- La familia Neira, abandonada a su destino por unos servicios públicos que no prestaron la atención debida a Jesús… (…)".

197.- "(...)" ... lo que empezó siendo como un ejemplo mal atendido en urgencias es hoy el orgullo de este hospital y de la sanidad de Madrid.

Página 122.- "la situación de Neira es muy grave, ha sufrido un enorme derrame cerebral al que ha estado expuesto demasiado tiempo, es muy poco probable que sobreviva, y quizá sea lo menos malo, porque si vive tendrá graves consecuencias, eso sin descartar el peligro de que alguna bacteria hospitalaria le afecte."

Pagina nº118

Desgraciadamente no era así. El derrame estaba inundando su cráneo…. Isabel se ha reprochado muchas veces no haber reaccionado antes, pero ella no es medico. Y Jesús pasó por cuatro médicos aquellos días…."

3) Se solicite de nuevo, **<u>pues es una prueba que fue admitida</u>** – providencia de fecha 19 de agosto de 2008–, se remita al juzgado copia de los expedientes –<u>**se piden actualizados pues en otro caso no tendrían sentido procesal**</u> – y actuaciones administrativas que en su caso hubiera desarrollado en relación con la asistencia sanitaria dispensada a D. Jesús Neira, a fin de determinar si la prestación de sus servicios fue conforme con los protocolos y normas que resultaren de aplicación. En la citada resolución consta qué organismo sería el responsable de remitir lo que se pide (Consejería de Sanidad).

B.- EN CUANTO A OTROS ELEMENTOS EXTERNOS QUE INCIDERON EN EL ESTADO DE SALUD DE D.JESUS NEIRA, NO IMPUTABLES A NUESTRO MANDANTE.

1) Se interese del Hospital Puerta de Hierro todos los datos sobre la bacteria/ o bacterias, por las que D.Jesús Neira fue afectado, así cómo fecha en que la o las, misma es constatada y **efectos concretos sobre su estado de salud**.

Debe especificarse qué tipo bacteria fue, cómo se contrae y qué daños ha ocasionado al enfermo (qué efectos concretos sobre su salud, secuelas, días de hospitalización, de estancia en la UVI y otros efectos han sido causa directa de la misma y cuáles del derrame cerebral por el que ingresa el día seis de agosto).

Sobre la prueba instada –es esencial y se asemeja al hecho de que constante el traslado del enfermo, del viejo al nuevo hospital, se hubiere producido un accidente, por el que no debería responder en modo alguno el imputado–, **traemos a colación lo que el libro señala** (amen de que los informes del hospital que constan aportados ya señalan el hecho de la infección respiratoria originada por las bacterias):

*Pagina que se refiere al 11 de octubre de 2008, folio nº18, "que va recuperándose poco a poco de la neumonía causada por una bacteria hospitalaria, aunque puede haber retrocesos"

* Pagina nº87.-"El principio de neumonía está cediendo"

Pagina nº95.-

"Tiene que aceptar que una bacteria hospitalaria le ha comido los pulmones y que sólo puede mover una cuarta parte de su cuerpo".

Pagina nº122.- "Los doctores han descubierto que una bacteria llamada enterobácter sigue escondida en los pulmones de Jesús. Esta bacteria y otra llamada pseudonoma fueron detectadas en los primeros días del mes de agosto, y estuvieron a punto de acabar con su vida"

"La situación de Neira es muy grave, ha sufrido un enorme derrame cerebral al que ha estado expuesto demasiado tiempo, es muy poco probable que sobreviva, y quizá sea lo menos malo, porque si vive tendrá graves consecuencias, eso sin descartar el peligro de que alguna bacteria hospitalaria le afecte."

C.- EN CUANTO A LA SITUACIÓN DE POLIDROGODEPENDENCIA DE NUESTRO MANDANTE.

Simplemente, y porque nadie ha hecho hincapié en ello, se deberá, pues el derecho de defensa así lo exigiría, explorar físicamente al mismo para que consten las cicatrices que tiene en los brazos, por mor del consumo, inyectado o intravenoso, de heroína y cocaína (únicamente se pide se acredite su existencia –que no consta en informe alguno–, causas probables de las mismas –las cicatrices– y antigüedad). No se debe obviar que un consumo por vena agudiza mucho más la dependencia, e incidiría por ende de forma directa en el reproche penal que puede hacérsele, que otro esporádico y por otra vía diferente de consumo.

Y es por lo que,

SOLICITO AL JUZGADO: Que teniendo por presentado este escrito con las consideraciones en él vertidas y la documentación que se acompaña, acuerde la practica de las pruebas indicadas en el mismo.

En Majadahonda 7 de septiembre de 2009

Fernando Pamos de la Hoz Doña Marta Sillero García
Letrado   **Procuradora**

"(...)".

Observe el lector cómo había en las pruebas pedidas elementos esenciales para la suerte procesal de Antonio que había que comprobar –máxime cuando el furor acusatorio de Jesús Neira contra los médicos, que comenzó con una denuncia de su mujer contra ellos –si no hubiera sido así no se les habría imputado nunca–, había cesado de pronto–.

Y es que Antonio se arriesgaba, sin la práctica de las mismas, a que le condenaran por un delito gravísimo, una tentativa de homicidio, que le hubiera supuesto muchos años de prisión y un sufrimiento injusto.

Se trataba de aportar, saltando los obstáculos que ponía la juez titular, al material probatorio de la instrucción, todo lo que se había publicado, escrito o dicho sobre el caso por parte de los protagonistas –en este caso Jesús Neira y su mujer–, pues desde esa primera denuncia nunca más realizaron movimiento procesal alguno, sí mediático, que yo debía aprovechar, tendente a demostrar las responsabilidades de los médicos y llegar a una posible condena contra los mismos.

Se llegó a publicar en la prensa que se "permutó" el puesto institucional de Jesús Neira en la Comunidad de Madrid por indulgencia para los facultativos, dependientes igualmente de la Comunidad, del Instituto Madrileño de Salud. No seré yo quien afirme lo anterior, pero dicho quedó en muchos foros y ahí sigue el interrogante.

Era pues yo, como abogado defensor, quien debía demostrar, tarea que hubiera correspondido a la acusación, la responsabilidad penal de los médicos que por cuatro ocasiones y en tres centros distintos trataron a Jesús Neira antes de caer en coma, y así diluir la responsabilidad penal de mi defendido.

Diseccionar las conductas que se dieron en los hechos, identificar las mismas, dar a cada uno lo suyo, incluyendo incluso a las bacterias que le devoraron parte de los pulmones en la estancia hospitalaria –así se publicó, lo vuelvo a decir, como los diversos episodios de negligencia médica, en el libro de Javier Esteban, autorizado por Jesús Neira en todo momento–.

Mi papel era doble pues, defender a Antonio y paliar la increíble inacción de las acusaciones en la búsqueda de elementos incriminatorios contra los médicos, mas todo encaminado a conseguir la inocencia de Antonio y no a una especie de venganza contra nadie.

Pero además de lo anterior, mi labor estrictamente profesional en escritos y recursos, debía también calmarle en prisión –fui 20 veces a verle, solía ir cada quince días, desde de junio de 2009 a febrero de 2010 que salió en libertad provisional–, bregar con los medios de prensa que le crucificaban, estar al quite de lo que se publicaba –entraba incluso en foros de Internet y contestaba como su abogado o de forma anónima cuando algo de él se escribía–, y atender a su familia, siempre ejemplar y entregada a su hijo. No era poca empresa la mía.

Nunca me ha gustado acusar, sí defender.

Cuando al despacho llega una acusación lo paso mal porque pedir prisión para un ser humano me duele en el alma, hasta el punto que ha habido juicios en los que he conseguido con mi trabajo sentar en el banquillo a un acusado, como acusación particular, y he cedido el testigo del juicio a algún compañero para no tener que pasar por el trago de una petición, frente al ser humano y su familia presentes en la sala, de muchos años de prisión.

Recuerdo el caso de una denuncia por violación contra un policía municipal de Madrid, representando a la victima, en la que me hice cargo de la acusación desde el principio –un asunto duro y complejo– consiguiendo abocarlo a un juicio en el que le pedían catorce años de privación de libertad.

No quise –¿quiénes somos, pensaba, los seres humanos, simples mortales imperfectos y finitos, para decir lo que otro hizo o dejó de hacer si además no estuvimos allí donde todo sucedió?–, llevar la voz cantante en el plenario, siendo una compañera la que, con mi ayuda en la preparación y presto consejo, consiguió la condena.

Entiendo más mi profesión como una defensa, frente al Fiscal y acusaciones, de la culpabilidad imputada, que el ejercicio de una acusación en la que como buscando chinitas en el suelo hasta llegar al lugar de partida, se acaba con el horizonte vital de un ser humano destrozando su porvenir, por muy grave que sea lo hecho.

El papel de los Fiscales por esa razón, convertidos además de forma automática en maquinas de acusar sin más, me parece durísimo (aunque luego uno les ve en juicio pidiendo años de prisión como el que pide un refresco en una tienda, sin inmutarse, y así hasta el siguiente juicio, que harán lo mismo).

En todo el procedimiento de Antonio existía un informe pericial médico fundamental al que nadie hizo caso –sólo así se explica que el mismo fuera del mes de abril de 2009, del día 29, y tuviera que ser yo, recién llegado a la defensa, el que instara la ratificación de las dos médicos que lo elaboraron, al ver su trascendencia–.

Era un informe de dos mujeres médicos forenses designadas por el Juzgado, que estudiaron los informes de los distintos facultativos que trataron a Jesús Neira en su calvario hasta que cayó en coma, visualizaron el vídeo del hotel –vídeo que colgado en Internet ha visto casi todo el planeta por la resonancia del caso– con el golpe, y diseccionaron los antecedentes médicos de aquél (y lo que es más anormal e increíble, como se relatará, también: para esa elaboración del informe tuvieron en cuenta, para exonerarles, las declaraciones judiciales de sus cuatro compañeros, declarando como imputados ¡¡y con la obligación, por tanto, de no decir verdad!!).

Debían concluir sobre la relación de causalidad entre los efectos devastadores del coma y la acción de Antonio, incluyendo el estudio de todos los elementos que pudieran haber concurrido en el resultado y exculpar, o no, a los galenos denunciados por la familia Neira.

Desde mi punto de vista hubo un aroma elevado de corporativismo, pues tanto ellas, las dos médicos forenses como los facultativos imputados, dependían todos de la Comunidad de Madrid.

El informe concluía con Antonio como "único responsable", exonerando a sus compañeros médicos, pero aminorando al máximo su responsabilidad, pues concretaban como "absolutamente determinantes" en el resultado ocasionado, las patologías que ya padecía Jesús Neira (si bien, elemento desfavorable donde les hubiere, haciéndole único responsable de todo lo que había pasado, con lo que ello conllevaba, pues le dejaban sólo en un banquillo de acusados, poniendo en bandeja su cabeza a las acusaciones a las que además les satisfacía enormemente, a tenor de su inacción acusatoria contra los mismos, la exoneración de los médicos).

Pues bien, desde la importancia, determinante, de esas patologías previas en el informe, la pregunta que se contesta por sí sola es: ¿no hubieran las mismas, desde la buena praxis, exigido unas pruebas médicas, las que hubieran encontrado el hematoma que se iba formando, que no se le hicieron?.

Incomprensiblemente para las dos firmantes del escrito la respuesta, que libraba a sus compañeros del banquillo de los acusados, fue que "no".

Desde esa no culpabilidad de los facultativos que exponía el informe, y pese a la "grandeza" en clave de exoneración de la falta de responsabilidad de Antonio por mor de la patología ya existente de Neira, pedí la nulidad del mismo, alegando la situación de indefensión que suponía que no hubiera sido un neurólogo –en las patologías previas existentes no había discusión– quien fiscalizara el obrar de los facultativos y se esperara además a que Neira pudiera declarar –no lo había hecho en momento alguno desde que salió felizmente del coma–, para que desde esa declaración se pudiera articular un informe nuevo.

Así podrían tener en cuenta lo que Jesús Neira declarara acerca de los síntomas que le llevaron ¡¡por cuatro ocasiones!! a distintos centros hospitalarios, como se tuvo en cuenta, de forma incomprensible, para exculparles, las declaraciones que prestaron como imputados, con el derecho a no declarar contra sí mismos, los cuatro médicos.

Las carencias del informe que interesé se dejara sin efecto y fueran subsanados o redactados en su integridad (circunstancia que obligaba a efectuar otro nuevo, por facultativos especialistas en neurología, que diera cumplimiento, entre otros, al derecho a un juicio justo con todas las garantías) eran, según mi parecer, consecuencia de lo siguiente (concretaba que salvaba del informe la conclusión que se refería a cómo había sido determinante en la "severidad del cuadro padecido los antecedentes del paciente", pero no porque pudiere beneficiar a Antonio, que sí lo hacía, sino porque era el único elemento –los antecedentes de Jesús Neira– de toda la causa, que no admitiría prueba en contrario):

No se ajustaba a la realidad de los hechos, descrita esta realidad de forma concluyente en el libro escrito sobre el perjudicado por el periodista Javier Esteban y la declaración de su mujer, que no se les hubiere relatado a los médicos que le trataron antes de caer en coma los episodios que venía padeciendo (dolor de cabeza, cefaleas, vómitos, desorientación espacio temporal y otros).

Los médicos imputados siguieron las mismas consignas de defensa –todos ellos además representados por la misma abogada, aun cuando no se conocían de nada–: negar que Jesús Neira, quien estaba en coma, no podía hablar y estaba ahora en trance de fallecer y no poder contar nunca nada, les hubiera informado que le dolía la cabeza, que estuviera desorientado, que el golpe lo hubiera recibido en la cabeza y que tenía vómitos.

Todos esos extremos y otros que se nos antojaban fundamentales, no habían sido tenidos en cuenta por las dos forenses, exonerando, en un claro movimiento corporativista –con marcados tintes de defensa de las instituciones–, a sus compañeros, los médicos denunciados–.

No se trataba, nuestra postura, de esparcir responsabilidades de forma gratuita. Simplemente queríamos, y así entendíamos que debería buscarlo igualmente el Ministerio Fiscal desde su imparcialidad y el órgano instructor como juez de garantías, que Antonio respondiera de lo que le era directamente imputable (y no lo era ni la mala praxis, presunta, de los médicos, ni los antecedentes de Jesús Neira ni, en el colmo de la mala suerte para todos, la existencia de plurales bacterias en las unidades de vigilancia intensiva del centro hospitalario, que agravaron muchísimo su estado).

Antonio Puerta debía responder únicamente del puñetazo con "peor suerte", de esa forma lo denominé en el juzgado, –permítaseme la frase pues he sido consciente del sufrimiento que ha padecido Jesús Neira– de la historia judicial de nuestro país (así es, le pese a quien le pese), y en modo alguno de conductas o plurales eventos ajenos al mismo que agravaron el resultado del herido.

Pudiera ser que otro abogado lo hubiera consentido, pero yo, desde mi encargo profesional no iba a tolerar cabezas de turco en modo alguno.

Dígasenos, le preguntábamos a la juez, ¿respondería Antonio por un accidente de tráfico de la ambulancia, defectuosa en su motor o como consecuencia del mal conducir de un tercer vehículo, que trasladara al herido a un centro hospitalario y en el camino falleciera?. Era obvio que no.

Igualmente denunciábamos –si a veces hablo en plural es por pura "deformación profesional", porque los escritos los firmábamos la procuradora, y yo como letrado– el hecho de que debería haberse esperado a redactarlo a que declarara el perjudicado, incluso el periodista que escribió el libro sobre el coma de Jesús Neira –se nos había negado de forma incomprensible la declaración del mismo–, e ilustraran a la juez acerca de todo lo que se relataba en ese libro sobre su estancia en el hospital y otros avatares del mismo muy claros en cuanto a la mala praxis que padeció.

No había que olvidar que ese libro, su contenido, fue ratificado por Jesús Neira de forma expresa al no haber exigido su rectificación y además, haber participado, de forma activa, en su presentación su mujer. Eran los días en los que la entonces Ministra de Igualdad y la Presidenta de la Comunidad de Madrid salían en todas las fotos con la familia –incluso dándose puntapiés para salir una más cerca de la familia que la otra–.

Además, otra prueba fundamental que demostraba la presunta mala praxis de los médicos fue la declaración de su mujer ante el juzgado, cuando su marido cayó en coma, denunciando el obrar de los médicos.

Así, su mujer declaró lo siguiente (obviado de todo punto por el informe de las dos médicos forenses):

Día dos de agosto de 2008, "les remitieron al Hospital Puerta de Hierro, que en total estuvieron unas tres horas más o menos; "…. Que no les informaron sobre las consecuencias de un golpe en la cabeza, ni les dijeron qué hacer si en caso de tener empeoramiento de los síntomas, que siempre que su marido le ocurre algo manifiesta a los médicos que tiene valvulopatía; que no sabe porqué le recetaron ibuprofeno, que no sabe si llegó a tomarlo".

Día tres de agosto,… "Dolores de cabeza, nauseas y no podía comer, que tenía mucho frío y calor alternativamente". Día 5 de agosto de 2008… "por la mañana acudieron a urgencias porque el dolor iba en aumento, que fueron a Mostoles porque está en su historia de cardiología, que fueron por urgencias, fueron rápidos pero solo le atendieron en traumatología, manifestando su principal molestia la cabeza".

Pues bien, ¿creía el juzgado, la juez, que podría cerrarse una investigación a la vista de lo relatado?.

¿Se debía dar un valor concluyente al informe teniendo en cuenta lo que realmente sucedió en el particular peregrinaje de Jesús Neira por los centros médicos?. ¿No suponía un quebranto insubsanable del derecho de defensa que los informes hubieran obviado elementos tan importantes y se abocara a un plenario al imputado con ese informe como medio de prueba de cargo?.

¿Dónde quedaba la función de garante de la juez y la presencia del Fiscal en el proceso velando por la legalidad?.

En cuanto a otras carencias, esenciales y que incidían en el derecho a un proceso con todas las garantías que debía tener Antonio, de las que adolecía el informe, nuestra gran prueba reina, no podíamos menos que denunciar la falta de imparcialidad de las dos médicos forenses, al depender de forma orgánica quien hacía el informe y los que eran fiscalizados del mismo ente, la Comunidad de Madrid.

Y si además sumábamos presiones encubiertas que estaba seguro existían, la condena de Antonio ya estaba escrita.

Me atreví, hay que ser muy directo siempre en las defensas, a decir que la sombra de la misma, de la Comunidad de Madrid, era muy alargada y que no eran esperables unas conclusiones distintas.

Se trataba, ni más ni menos, que de un examen que el empleado hacía del empleador –las forenses que dependían de la Comunidad de Madrid examinaban a la misma y además le ponían, no podía ser de otra forma, una nota muy alta–.

En fin, no podía cerrarse la investigación contra los facultativos tantas veces citados, dejando a Antonio a los "pies de los caballos", **con un informe que adolecía de graves defectos –falta de datos para dictarlo, inidoneidad de las facultativas que lo realizaron y falta de imparcialidad en las citadas–** .

Sirva a tal efecto cómo se negó en el informe de las dos forenses, que se relatara dolor de cabeza alguno por Jesús Neira en una de sus visitas a urgencias, cuando en el Hospital de Móstoles consta expresamente "cefalea" –que no es otra cosa que dolor de cabeza– y cómo se obvia el hecho de que ingresara con un traumatismo craneoencefálico el fatídico día que entra inconsciente y sin embargo no fuera, según ellas, de forma increíble, exigible para los cuatro médicos imputados, haber actuado el "protocolo de los traumatismos cráneo encefálicos" que exigían un TAC y que hubieran podido, seguramente, haber visualizado lo que venía sucediendo dentro de la cabeza.

Pedí posteriormente, denegada la nulidad del mismo, la ratificación, con las aclaraciones oportunas, del informe prestado por las dos forenses, de fecha 29 de abril de 2009 (no entendía, lo vuelvo a repetir, cómo la citada diligencia –con la importancia que ostentaba, derivada de la complejidad extrema del cuadro médico y elementos concurrentes– no había tenido ya lugar aún de oficio).

Era incluso necesaria la meritada ratificación para, en su caso, adecuar, en su momento, el proceso, a un procedimiento o a otro. En idéntico sentido, las conclusiones a las que llegaban eran tan importantes que no se nos podía privar en modo alguno de pedir esas aclaraciones (la materia médica, a mayor abundamiento ajena a las partes personadas, exigía esas aclaraciones ante puntos científicos no del todo claros).

La sorpresa fue mayúscula cuando mediante una providencia de fecha 29 de octubre de 2009, de una forma de nuevo en absoluto garantista, por la inexistencia de argumentario, desestimó la petición, que se nos antojaba fundamental por la complejidad del cuadro médico, de que declararan quienes elaboraron ese esencial informe pericial al que nos estamos refiriendo.

Increíblemente, además, se estaba obviando el criterio del Fiscal, asumiendo el órgano instructor los dos papeles "antagónicos" y vulnerándose el derecho al juez imparcial al ser al mismo tiempo juez, nunca mejor dicho, y parte acusadora (y es que, nos preguntábamos qué tendrían determinadas causas judiciales que originaban, sin prueba en contrario, una cascada de negativas, sin argumentaciones sólidas, al derecho de defensa y una condena dictada ya durante la fase de instrucción o investigación).

No era más que otro ejemplo de la orgía, desaforada, inquisitiva –créaseme que se me hace muy duro tener que emplear este leguaje –, que tenía lugar en este proceso y cómo los papeles del bueno y el malo ya eran inamovibles, vulnerándose todo el articulado que tenía que ver con el derecho de defensa.

Era incluso, ya lo dije, necesaria la meritada ratificación para, en su caso, adecuar, en su momento, el proceso, a un tipo de procedimiento o a otro (máxime cuando se barajaba por la juez la posible imputación, dispar, de homicidio intentado o lesiones).

Pues bien, la juez titular nos negó la ratificación del informe, teniendo que acudir a un recurso contra esa decisión, y la segunda juez, ya en el puesto de la otra, fue quien nos admitió la misma, sin pestañear, con la importancia extrema que ostentaba. Y es que a partir de la misma, o precisamente por esa ratificación pericial, fue puesto en libertad Antonio.

Llegué incluso en esos primeros días de la defensa a denunciar ante el órgano supremo de los jueces, el muy deteriorado, por el mercadeo, vergonzoso, a la hora de nombrar vacantes en la judicatura, el CGPJ, las amenazas, así las vivimos nosotros, de Jesús Neira, contra la posible decisión judicial de que Antonio saliera en libertad provisional.

Neira estaba muy crecido, se lo rifaban en todos los programas y no había político que no se hubiera fotografiado con él. Pensaba que todo lo podía y la bravuconada, así la definí, se publicó en toda la prensa escrita y llegó, sin prueba en contrario, a oídos de la entonces todavía juez titular del Juzgado de Instrucción nº4 de Majadahonda.

Entendí ante la amenaza nada velada, que la imparcialidad de la juez titular, y así fue, se vio muy "tocada y hundida" –como en los juegos infantiles de los barcos, a los que a escondidas jugábamos en el colegio–.

La denuncia que redacté –no escondo que era mi puesta pública de largo en el proceso y así quise que fuere–, constituía un aviso para que cada cual supiere quién estaba enfrente, a quién iba a tener vigilándole, que no todo iba a valer contra Antonio y que las reglas del proceso debían ser respetadas, decía lo siguiente:

AL CONSEJO GENERAL DEL PODER JUDICIAL (Servicio Inspección Jueces y Tribunales)

D. Fernando Pamos de la Hoz, Letrado nº46.902 del Ilustre Colegio de Abogados de Madrid, con domicilio en la Calle Columela nº2, 5º Izquierda, 28001 Madrid, y de D.ANTONIO PUERTA RAMON preso preventivo a resultas del procedimiento 1266/08 –Juzgado de Instrucción nº4 de Majadahonda–, comparezco y como mejor en Derecho proceda, **DIGO:**

PRIMERO.– Que por medio del presente escrito vengo a poner en conocimiento de este órgano unos hechos inadmisibles <u>**que estarían además tipificados en nuestro Código Penal como coacciones o amenazas contra la Ilma. Juez de Instrucción del J.I. nº4 de Majadahonda**</u> –creíbles además por el poder mediático, con múltiples altavoces propios, que ha acaparado la persona que las ha proferido, **D.JESÚS NEIRA RODRÍGUEZ,** con DNI y domicilio en la calle xxxxxxxxx, Madrid–.

No todo vale, es obvio, y un Estado de Derecho no puede permitirse declaraciones más propias de épocas felizmente pasadas, en las que no existía independencia judicial ni mecanismos que protegieren a los jueces frente a injerencias y amenazas inadmisibles, impropias de un Estado que hace del Derecho, con mayúsculas, su guía.

SEGUNDO.– Así, la amenaza, <u>**nada velada**</u>, proferida con conocimiento absoluto de causa, sabedor del inmenso poder "mediático" que acapara el Sr.Neira, ha consistido en amenazar –<u>**de forma pública tal y como se han hecho eco distintos medios de comunicación, que aportamos**</u>– a la Ilma. Juez de Instrucción que instruye el procedimiento en el que es acusación, <u>**con que sería querellada en un procedimiento penal, por un delito de prevaricación, si modificaba la situación de prisión preventiva de nuestro mandante**</u> (ni que decir tiene que a la vista del ultimo auto dictado, de fecha 29 de septiembre, entendemos, por el tenor del mismo –con "calzador" y de forma jurídicamente forzada, dicho sea en términos de defensa, mantiene su situación de prisión–, **que la amenaza ha cumplido su objetivo**).

Lo anterior, reiteramos, acompañado de insultos, continuos, hacia mi defendido y su familia –"hijo de perra" le denomina–, que socavan su dignidad como ser humano (**algo que el Ministerio Fiscal, a instancias de este órgano, debería preservar**).

TERCERO.– Debe, pues, darse curso a esta denuncia y tras los trámites oportunos otorgar el amparo a la Ilma.Juez de Instrucción –que estamos seguros está condicionada, como ser humano que es, pero no lo reconocerá en ningún foro–, o ejercitar cualquier acción que tenga encomendada el CGPJ en la salvaguarda de los derechos de los justiciables y de la inmunidad –entendida como independencia– de jueces y Tribunales.

Y es por lo que,

SOLICITO AL CGPJ: Que por presentado este escrito –y tras las averiguaciones oportunas o actuaciones que tenga a bien practicar– acuerde tener como denunciado a **D.JESÚS NEIRA RODRIGUEZ** por los hechos que hemos relatado, acuerde otorgar el amparo a la Ilma. Juez de Instrucción, proteger los derechos de mi defendido y, en su caso, dar traslado al Fiscal porque los hechos sin prueba en contrario, son constitutivos de delitos varios.

"(...)"

Obvio fue el resultado. Nada logramos. Alguien puesto a dedo, nada raro, en el Consejo, llevado por el aroma de las hazañas del entonces denunciado, y sin más argumento ni investigación, archivó de plano la denuncia alegando que era la juez quien debía, si perturbada se sentía, pedir el amparo.

Obvio fue también que la juez no pidió amparo alguno porque su decisión posterior de no dejarle en libertad estaba también escrita en el mismo lenguaje incriminatorio que el que utilizó Jesús Neira: a Antonio no se le daba nada, no lo merecía.

Pero aquí era clara la amenaza que perturbaba la independencia…."me querellaré contra la juez si le pone en libertad" (como diciendo, ¡¡ojo, que si modifica su situación personal va a tener problemas conmigo y mis padrinos mediáticos!!).

Lamentable todo el episodio de amenazas y de falta de coraje de la juez –no puede permitirse que alguien se vea presionado de esa manera y no recabe, como poder esencial del Estado, una protección al órgano encargado de concedérsela–.

Era obvio, no me cabe duda, que la juez no le puso en libertad por el miedo a los titulares de prensa, elemento que repugna, por oponerse a la misma, a la recta administración de justicia: dar a cada uno lo suyo.

Entonces Antonio llevaba ya un año en prisión preventiva con un procedimiento en el que hasta entonces, con indisimulada algarabía, todos celebraban los elementos de cargo contra él y nadie solicitaba aquellos de descargo que estaban claros, pero nada obstaba a que pudiera haber sido puesto en libertad con alguna medida cautelar no tan gravosa como la prisión incondicional sin fianza.

No fue más que otro episodio del panorama creado: que contra Antonio valía todo.

QUINTO CAPÍTULO

ANTONIO EN PRISIÓN. EL ENCIERRO COMO MUERTE EN VIDA

La cárcel es un submundo dentro de nuestro acomodado y "recto" mundo. Un punto neurálgico de la represión de los poderosos en el que confluyen el dolor, la desesperación y el engaño propio (el que ayuda a pasar los días pensando que el siguiente será mejor, y así uno tras otro hasta la añorada libertad).

Un microcosmos en el que nadie está exento de entrar pero luego no todos salen con la misma facilidad.

Un reducto de parias, extranjeros sin recursos ni familia próxima, y pobres, muy miserables a veces. Siempre he dicho que a la misma sólo van los pobres, y si hay ricos o poderosos no tardan en salir o reciben toda clase de atenciones, algunas impensables dentro, en forma de comunicaciones extras diarias, botellas caras del mejor alcohol o marisco recién llegado de la costa, con la misma celeridad con la que llega a los restaurantes de lujo.

En la historia judicial de este país hay jueces expedientados y expulsados de la carrera judicial por acordar libertades, desde informes médicos convenientemente pagados, y amañados, por el acusado a precio de oro que así lo recomendaban, de poderosos narcotraficantes de los que nunca más se supo cuando cruzaron, en el camino de salida, la puerta de prisión, otorgar progresiones de grados inmerecidas a banqueros de postín y políticos corruptos, o excarcelar sin causa legal a nuevos ricos por gloria del ladrillo, el cemento y las recalificaciones en connivencia con algún concejal iletrado. Y es que, ¿existe en nuestro país algún concejal de urbanismo honrado e instruido?.

Recuerdo también la expulsión de una juez de vigilancia penitenciaria que aprovechó un permiso del titular del juzgado que sustituía para admitir una recusación contra el mismo y quedarse ella con las riendas del permiso que el poderoso imputado le pedía al otro juez, al recusado, y así concedérselo.

La fiscalía se dio cuenta de la artera maniobra y fue expulsada de la carrera judicial. A estas alturas quizás goza, aun por el intento, de un dorado retiro en la costa.

El "precio", creo, lo tenemos todos –incluidos los abogados–, y es algo que a lo largo de estos intensos años de ejercicio profesional he constatado. Y no necesariamente es a cambio de dinero, las ventajas recibidas por "favores prestados" pueden ser muy variadas.

Desde destinos añorados que de otra forma no se conseguirían, ascensos en el escalafón de la carrera judicial, puestos en la política, un hueco en las listas al Congreso tras una excedencia o simple amistad pagada a precio de oro en paraísos fiscales.

Me consta, en el límite del provecho propio que los acusados de un procedimiento querían sacar, cómo se sondeó a la nonagenaria tía de un Magistrado, conocida de una familiar de uno de los que iban a ser juzgados, para desplegar toda clase de recursos emotivos desde las vivencias compartidas en la juventud.

El tiempo, como elemento que escapa ente los dedos, quiso ser utilizado vestido de nostalgia para lograr un trato de favor No hubo lugar, murió antes del señalamiento del juicio.

Y es que, qué diferente es tener un abogado u otro, qué esencial es conocer a jueces y fiscales, qué importante que se te abran las puertas del mismísimo infierno si así fuere necesario, ser natural de un país poderoso –con página Web activa 24 horas para ofrecerte protección consular, y yo lo he comprobado con un súbdito canadiense detenido con droga en Barajas, al que nada faltó en prisión desde el primer día– o hijos de la inmigración y el desarraigo sin un triste consuelo y con un horizonte tan sórdido como su origen.

La ultima tragedia personal –así la denomino y me reafirmo en el término que empleo–, que se está fraguando en estos momentos, mientras escribo, son los ochocientos euros que debe pagar un defendido mío del turno de oficio por una pena que le sustituyeron en un concreto delito, no pudo se más burdo el engaño, de falsificación de moneda –alguien, conocedor de su situación, le dio varios billetes falsos de cincuenta euros para que los cambiara como válidos en distintos establecimientos y a cambio se llevaría una ínfima parte de la ganancia–.

Era una feria de un pueblo y no pudo cambiar más que dos billetes en sendas barracas, pero en su bolsillo, algo que exaspera la pena, se encontraron otros tantos (tenencia y uso de los mismos, como condena, para completar una pena a mi entender tremenda).

Él, africano, que llegó hace tiempo en patera, sin papel alguno y sin trabajo, se arriesga a cumplir dos años y dos meses de prisión si en un día –"una audiencia" señala el rimbombante e injusto auto– no paga esa cantidad. De nuevo la prisión por deudas, el rico paga y el pobre a prisión, y mientras yo, pensando en pagárselo, en ingresarlo en la cuenta del juzgado y mentirle, decirle que he conseguido que se lo perdonen.

Me da vergüenza que piense que me debe algo después de haber esquilmado y saqueado, desde la opulencia de mi posición y mi primer mundo, sus sueños y su vida.

Cómo condiciona la cuna. Cómo la nación en la que uno nace, cómo la miseria y la falta de oportunidades. Cómo los padrinos conocidos y poderosos. Cómo poderoso caballero es Don Dinero.

Hace pocas semanas leía un informe psicosocial que había pedido para otro chico, para acreditar su drogodependencia en el juicio. Rumano, medio gitano, descalzo le asistí en comisaría, por un robo en una tienda. Las cámaras, en el juicio visualizamos el video y su impericia fruto de la desesperación, grabaron cómo esperó que un hombre sacara el dinero para pagar en una pastelería y él se abalanzó, lo arrancó de sus manos y salió corriendo. No llegó lejos porque le atraparon enseguida.

Leía ese informe y las lágrimas asomaban. Sin rubor lo cuento –uno se desnuda una vez y ya le da igual hacerlo todo el libro–. Ese niño pequeño, querido en la cuna como nadie, que pierde al padre siendo un niño, se pone a trabajar, huérfano y desamparado para sacar adelante a la familia, perdiendo su infancia, y comienza, allí en su país, una espiral de robos que con el tiempo, por la gloria del ladrillo y los bancos, le deposita entre nosotros.

Aquí, acabada la burbuja inmobiliaria que a tanto garrulo vistió en oro, terminó en la calle, sin trabajo y sin familia, y comenzó un consumo de heroína, desde esa calle donde moraba, que le llevó al robo y a prisión.

Y es que no son muy diferentes los cuadros que ahora veo de los que en su día, cuando comencé a ejercer, contemplaba con estupor.

La prisión es un mundo de obligado conocimiento, una asignatura para impartir en los institutos, para llevar a los adolescentes a contemplar las puertas macizas de hierro que se van cerrando a cada paso. Exigirles silencio absoluto para escuchar el ruido que originan, empaparse del silencio que llega después, el silencio de la nada más absoluta.

Una visión y un ruido que deberían ser exhibidos en máxima audiencia al resto de la sociedad para que vean cómo los seres humanos, sus hermanos, se hacinan y desesperan viendo pasar las horas, consumidos en la nostalgia y la desazón.

Recuerdo la antigua prisión de Carabanchel, empecé a ejercer en el año 91 y operaba como centro de preventivos. Cuando anochecía podíamos escuchar los gritos de los internos comunicándose con las mujeres también internas, sacando por la ventanilla, entre los barrotes, una nota con una proposición de amor. Su última esperanza para deshacerse de la cadena que les ataba al dolor.

El roce, el cariño, la ternura, sin la que el ser humano no puede vivir también tenían cabida allí.

Entonces unos y otros ideaban la comunicación con pilas, a las que pegaban unas notas y las lanzaban para que cayeran en los patios y su destinatario pudiera leerlos. Fue allí donde descubrí que las cosas más maravillosas tienen un hueco en el infierno y que el infierno, o el cielo, lo llevamos dentro cada uno de nosotros.

Es una opción personal. Puedes colgarte de los barrotes para salir a la libertad eterna y abrirte las venas con una cuchilla inventada quemando un cartón, afilándolo con el fuego, o salir a flote estudiando, cerrando los puños sin mirar atrás para no convertirte en una estatua de sal.

Todavía recuerdo a aquel interno que suspiraba con salir sólo para poder recorrer un kilómetro en línea recta, alejado de las estrechas medidas del patio diario, al atracador de bancos, con una madre coraje

–es lo que no falta en prisión, las madres corajes–, que robaba para comprarse chándales y coches de miniatura, o a Javier, parapléjico por un tiro de la policía por la espalda, en la columna, que conducía el coche en el que sus hermanos atracaban bancos.

Todos ellos están ya durmiendo el sueño eterno y a muchos les acompañé en el trance de la muerte. Al pobre Javier le llegó la indemnización por ese disparo cobarde por la espalda cuando ya estaba muerto.

Era la época de la heroína, del desfase, del ansia de libertad, del desconocimiento de los estragos del caballo, y todos se infectaron mortalmente o se aplicaron, a veces dándose un homenaje cuando salieron de prisión, una dosis excesiva en cantidad, o pureza, que no tuvo punto de retorno.

Antonio en prisión no era ajeno al paso de los días, al frío que calaba los huesos cuando el invierno hacía su aparición y se ahorraba en calefacción haciéndola funcionar de forma excepcional para rebajar gastos.

Una sensación de frío –y el frío hay que padecerlo para que pese como una losa en el alma– que lo traspasaba y que reducía su amor a la vida, si la vida es esperanza e ilusión.

No era ajeno tampoco a la lucha por la supervivencia, a la búsqueda de su dosis diaria de droga, a las escaramuzas y trucos que sólo los listos y espabilados, Antonio lo era, eran capaces de materializar para poder vivir sin vida entre cuatro muros de hormigón en un páramo perdido de la Autovía de Valencia.

Allí pasaba sus días entre terroristas, mesiánicos gudaris de medio pelo del hacha y la serpiente y una patria vasca propia, atracadores de pistola, gatillo fácil o jeringuilla desesperada en un descampado, capos de la droga de poblados marginales que pagaban en metálico billetes literalmente manchados de sangre a sus abogados, extensiones naturales y procesales de ellos –yo he visto esos pagos a sus abogados, de billetes con restos de coca que guardaban en zulos construidos en sus chabolas acorazadas, con televisiones de plasma y parabólicas–, violadores protegidos por los funcionarios, maltratadores y asesinos, sicarios jovencísimos que fueron contratados por los cárteles de la droga para rendir cuentas con el otro bando más allá del océano que nunca antes habían cruzado.

Toda una fauna, un coro de personajes, el coro real de la cárcel, nada que ver con el coro del programa de televisión, que muestran la miseria, y a veces también la grandeza –Antonio lo demostró dentro muchas veces ayudando a quien lo necesitaba–, de la condición humana.

No había lugar para la contemplación del bien, para la compasión, aunque hubiera un corazón escondido en lo más profundo de cada cuerpo, que sin duda lo había......¡¡todos ellos fueron niños y sus manos de ahora fueron las de aquel niño que en la cuna sonreía ajeno a la desesperanza que fuera tomaba fuerza y forma!!.

Era una carrera por la supervivencia diaria en la que el débil, en una clara selección natural, pagaba la cuenta en forma de palizas o despojo de sus pocas pertenencias si dejaba abierta la puerta de ese infierno llamado chabolo donde debían hacer sus necesidades delante del compañero que le hubiera tocado en suerte.

Antonio lo sabía y se pagaba protección, a su manera, desde su olfato creado por muchas noches en poblados marginales, con gitanos, reyes del mercadeo de la heroína y la cocaína de los que era cliente desde hacía mucho tiempo, y esa intuición que sólo quien ha vivido experiencias de peligro extremo es capaz de desarrollar.

Yo creo que esa similitud, mi intuición desarrollada y ese carácter especial que uno gasta, fue lo que me unió desde el principio a él y me dio fuerzas para perseverar en su defensa pese, o precisamente por eso, a los frentes varios que tenía abiertos.

Para poder tener llamadas diarias a su padres y exceder el cupo del peculio asignado por la dirección del centro, se hacía con los servicios de algún pobre y desgraciado "paria" –así se les llama, en una practica habitual, a los que no tienen ni perro que les ladre y que por un café o cigarro gratis vendían su alma–, al que se le ingresaba en su cuenta una cantidad y con su tarjeta, y la propia, se tenía para toda la semana.

Antonio en prisión, por el eco de su procedimiento, era una persona especialmente vigilada –venía a ser el interno más conocido–, más por protección que por otra razón.

Fue grabado una vez de forma miserable, medio tocado e ido, con su sempiterna camiseta blanca, en los primeros días que estuvo en la prisión de Soto del Real y las imágenes fueron emitidas por la clase periodística de este país, gente sin alma que vendería, si no lo han hecho ya, a sus madres al peso si obtuvieran algún rédito.

En ellas aparecía Antonio hablando del episodio con Jesús Neira y fueron sacadas de contexto para querer mostrar la cara de un agresor sin escrúpulos. Ni que decir tiene que todo fue una trampa, un montaje de alguien que introdujo un móvil, algo absolutamente prohibido, y en un vis a vis íntimo fue sacada de prisión la grabación, en el camino inverso que hace la droga para entrar, acaso en la vagina, todavía con una mezcla de flujos apremiantes, de la pareja de un interno para venderlo luego al mejor postor.

Ahora puedo contar que Antonio escuchó planes, demasiado avanzados, de secuestrarlo cuando estuviera fuera, porque había trascendido que su familia, trabajadora como pocas, gozaba de una situación desahogada.

Frente a esa situación de peligro tuve que poner orden en la dirección del centro, interesar una especial observación de sus pasos y exigir un especial cuidado por parte de los funcionarios.

He de decir que así fue y que el centro dispuso especial celo en su cuidado. Sabían, por experiencia, que Antonio nunca causaría problema alguno, que no era un interno al uso y que como persona educada e instruida daría más facilidades que problemas. Ojala, me decía algún funcionario cuando acudía a visitarle, todos fueran como él.

No se libró sin embargo de alguna agresión que calló a los funcionarios para no tener más problemas. Una vez en el gimnasio le abrieron la cabeza con una pesa, perdió el conocimiento y estuvo un tiempo en observación. Creo que fue el mismo sujeto cuya pareja, Antonio me hizo el encargo, vino al despacho a recoger un dinero que debía por lo que dentro el otro le suministraba. Allí llegó la mujer sin escrúpulos y desde un recibo que firmó que la hubiera incriminado ante cualquier juez, se llevo el dinero con el que su hombre, dentro hacía lo mismo que le había llevado a ingresar en prisión, podría seguir trapicheando a precio de estraperlo.

Fueron más ocasiones las que tuve que desempeñar ese papel de pagador oficial, y sabía que si no lo hacía –nunca lo supo nadie y lo pagaba yo de mi dinero–, él peligraría, vista la agresión que padeció. No me arrepiento, era su integridad la que estaba en juego y yo no quería involucrar a su familia, que bastante tenía.

Cualquier accidente o incidente que hubiera tenido habría alcanzado, como su muerte, ecos desmedidos. Se trataba, y así intenté yo que fuera, que nada le faltara.

Si esa es o no labor del abogado defensor, no lo sé, pero lo que tenía claro es que recibí un encargo de cuidarle y así intenté hacerlo siempre, como si fuera mi hermano mayor.

Mientras tanto el procedimiento continuaba.

No había conseguido más que negativas que denotaban que la juez encargada estaba incursa en la orgía pública, aun de forma instintiva o mimética, que existía en el proceso contra el acusado principal –porque de los otros, los médicos, nadie hablaba y gozaban de hasta dos defensas, la suya propia y la del Ministerio Fiscal.

Era la postura de la fiscalía tan escandalosa, que en una declaración le espeté a la fiscal "que parecía la representación procesal de los facultativos". Lo tomó con gran enojo, tan pizpireta y jovencita que era ella, con un caso tan mediático en sus manos y esa indisimulada aversión, quizás como mujer, contra Antonio, por el papel que se le había otorgado de villano.

Se acercaban las Navidades, quería que las pasara fuera, era toda su ilusión, y continuaba mi batalla judicial recurriendo las negativas infundadas a practicar pruebas y a ponerle en libertad.

Me abastecí de munición, rastreé los archivos de prensa e Internet –descubrí entrevistas de Neira en programas conocidos en los que la soberbia y el protagonismo le pudo y confesó la presunta mala praxis médica que luego nunca en el juzgado volvió a denunciar–, tomé aliento y volví a la carga por segunda vez desde que me hice cargo de la defensa, con sendos recursos, duros pero directos.

Uno lo era contra la decisión de no ponerle en libertad y el otro contra la paupérrima decisión, sin haber siquiera tenido tiempo material de leer mi escrito, de no practicar pruebas y abocarle sin más a un juicio.

En el de la libertad, que clamaba, suplicaba, rogaba, fuera acordada, consciente que Antonio se agotaba dentro, alegaba lo siguiente –por tomar, hasta tomé prestada la frase que profirió D. Miguel de Unamuno, profesor que fue de mi abuelo también abogado, a Millán Astray, en el Paraninfo de la Universidad de Salamanca, sobre la preferencia de "vencer a convencer"–:

Obvio es que la juez, pese a las alegaciones, no modificó nada. Un obligado traslado a las partes con las negativas de ambos, Fiscal y acusación particular, le pusieron en bandeja la decisión.

Y es que una de las grandes tragedias de la Justicia es este país es el acceso a la Judicatura mediante el sistema de la oposición.

Nada aprenden en muchos casos de la vida, pues esos años que estudian son esenciales en el desarrollo de la personalidad.

¡¡Cuántos momentos robados a la vida en esas horas de estudio!!. No hay enseñanzas de antropología, ni filosofía, ni psicología, no hay entradas y salidas a la prisión, a las unidades de rehabilitación de drogodependientes, sólo un tema tras otro recitado de memoria y contrarreloj frente a otros Magistrados que también accedieron así y que consideran inamovible el medio (si alguien lo pone en tela de juicio, enseguida, los sectores más conservadores de la profesión, se le echan encima, pues muchos de ellos tienen como segunda actividad muy bien remunerada, la preparación de jueces y fiscales).

Huelga decir que su sistema, obsoleto les hace en muchos supuestos, por el esfuerzo, brutal, que supone aprobar –y además obtener mejores notas que el resto–, tener rasgos de carácter peculiares y enfermizos.

Siempre he abogado porque los jueces pasen periódicamente controles, exámenes psicológicos, en idéntico sentido a como lo hacen los pilotos de líneas aéreas comerciales, para medir su verdadera salud mental (aunque elementos tan arraigados en el alma como la valentía y la rectitud no sean medibles con ese sistema y, por ende, rescatables para las causas en las que intervienen).

Derechos como la libertad y todos los que a la misma se anudan no pueden ser meros caprichos en manos de sujetos que no están preparados para medirlos en sus verdaderos términos.

El pavor de la juez –siempre he pensado que el miedo pudo hacer que pidiera finalmente un traslado a otro juzgado de una población cercana a Madrid– al "qué dirán" y a no ser vapuleada en los programas en los que el perjudicado campaba a sus anchas como tertuliano de nuevo cuño, hizo que mantuviera dentro a Antonio, sin razón alguna que lo justificara, y que sólo me cupiera otra posibilidad, acudir a la Audiencia Provincial en un recurso llamado de apelación, pero en el que las posibilidades iban a ser nulas –ya le habían con anterioridad denegado la libertad y ahora, seguro, harían lo mismo, aun cuando de tres jueces ya con experiencia se tratara–.

Posteriormente, como se dirá, presentado el recurso y a punto de que fuera sometido a estudio y desestimado por la Audiencia, tuve los reflejos, llegada una juez nueva, de desistir de él, dejarlo desierto, y volver a pedir la libertad a la titular recién llegada, partiendo de cero.....¡¡la experiencia y el olfato me decían que era imposible que fuera tan poco garantista como la que nos había dejado y a la que habíamos deseado tanta paz llevase como dejó!!–.

Sabía que si conseguía hablar con ella, con la nueva juez, que me recibiera, y le explicaba la injusticia que se estaba cometiendo, cómo se quería cerrar la investigación, la instrucción, sin que ni siquiera declarara Jesús Neira sobre sus visitas a los distintos hospitales, podría conseguir que otra de las pruebas, la ratificación de las dos médicos forenses y su informe, esencial, pasara a un primer plano del proceso.

Estaba seguro que me escucharía, por lo menos, y sabía de mis dotes persuasivas, siempre desde el respeto y el derecho, pero poniendo todo el celo profesional en la tarea. Mi enfado escondido dentro de mis entrañas haría el resto, me serviría para ser convincente.

Así fue, me aposté una mañana en la puerta del juzgado, nervioso, excitado, sudando, con la boca seca –la empresa era ardua–, y conseguí que me recibiera.

Elena L., se llama quien aquí hizo de ángel frente a tanto demonio. Conocía el asunto, ¿quién no?, no sólo por la prensa, era, iba a ser el procedimiento estrella en el que debería también andar con pies de plomo, pues Jesús Neira había demostrado que era un enemigo temible, y terrible, con poderosos altavoces mediáticos capaces de triturar a un ser humano si se lo proponían.

Un ejemplo de uno de estos altavoces fue el programa Espejo Público, de Antena Tres, en el que un tertuliano falto absoluto de la independencia que debe presidir la profesión periodística, hacía leña siempre que podía de Antonio.

He de decir que jamás me llamó para consultarme, para contrastar nada. Él, desde su ignorante pulpito, y con la aquiescencia de la presentadora, fustigaba a Antonio, introduciendo falsedades nunca probadas, ahora sobre su vida personal y familiar.

Allí figuraba como tertuliano nuevo, fichado como ejemplo de bondad Jesús Neira, y entre todos hacían campaña contra la persona de Antonio, causando desolación en la familia que debía estar escuchando atrocidades de su hijo. El hecho de que cuando salió por primera vez del Hospital diera una entrevista, ¡¡luego fue incluso portada en el Hola!!, en exclusiva a esa cadena, es algo que le valió protección, acomodo, complicidad y trabajo.

No pude menos un día que entrar en directo y llamarle "indigente intelectual" al citado pseudoperiodista, transcurriendo la discusión, algo que nunca quise sucediera, entre gritos del mismo y la presentadora, que apenas me dieron opción de defender la dignidad del sempiterno pisoteado, mas ahí quedó mi defensa y su odio –de vez en cuando el valiente plumilla me ha mandado recados en antena–.

El día que hablé con la juez nueva, me presenté, me escuchó, me expliqué, me entendió. Era lo único que quería, que a cada uno se le diera lo suyo.

Sólo me dijo una cosa, que si no le habían puesto en libertad antes no iba ser ella, recién llegada, quien lo hiciera –posteriormente, a la vista de las pruebas que conseguí se practicaran, tuvo el valor, con una pizca bien grande de sentido común y aplicación de la justicia, de modificarle su situación en febrero de 2010, y dejarle en libertad con fianza–.

Intenté hacerle vez la importancia de las pruebas que se me habían denegado sin más: la declaración del perjudicado ¡¡que no había declarado todavía!!, la ratificación del informe de las dos médicos forenses, las múltiples entrevistas en las que Neira fue protagonista y explicó, de forma detallada, su calvario medico, el libro que se escribió sobre su situación hospitalaria por su amigo Javier Esteban, la declaración de su mujer, Isabel Cepeda, para que contara que pasó realmente en esa casa antes de caer en coma para que acudiera cuatro veces a urgencias.

Creo, y no me equivocaría, que esta juez tuvo claro desde el primer momento que había existido una clara mala praxis, una concatenación de hechos, y no pensaba, el fallecimiento de Antonio ya imposibilitó saber la verdad de lo que afirmo –pero por eso quiero que vea la luz este libro–, dejarle sólo frente a la responsabilidad del coma.

Sus pruebas admitidas, su exquisito garantismo, las preguntas que hizo en la ratificación, que permanece grabada en un DVD que tengo a buen recaudo, a las dos médicos forenses y al mismísimo Jesús Neira, así lo denotan.

Pese a que ellas, las dos médicos forenses, intentaban salvar a sus compañeros con contradicciones evidentes como que no debieron, como así pasó en las urgencias, articular el "protocolo de traumatismos craneoencefálicos" porque el golpe lo fue en la cara y no en la cabeza........ – **¿desde cuando, bramó Neira cuando yo le pregunté esto que ellas habían afirmado, la cara no es la cabeza?–**, y por ende hacerle prueba alguna como un TAC, la juez lo tuvo claro siempre, y apuntaba en un papel, el vídeo me lo sé de memoria, lo que a mí como defensa me hubiera servido de argumento exculpatorio en el juicio.

Con los años he aprendido a observar hasta el mínimo tic del juez, sobretodo en los juicios, para ver por dónde puede salir después, y aquí lo hice y no me equivoqué en la impresión que había dado.

Establecido por ella desde el garantismo que las dos forenses debían ratificar el informe, me dijo que cuando Neira estuviera en posición de declarar, pese a que con posterioridad se hizo el remolón para acudir a la cita judicial con informes que lo desaconsejaban, aunque era asiduo a programas de televisión, le citaría, como finalmente hizo, para aclarar qué pasó realmente en sus visitas a los hospitales antes de entrar en coma.

Su enfado con él fue mayúsculo, pues la segunda vez que intentó no comparecer, la juez le ordenó de forma tajante que acudiera…¡¡pues le había visto el día anterior en un programa de televisión, ultramontano y catastrofista, que eran aquellos a los que él más acudía!!.

De hecho la orden de que compareciera así lo decía, que a la vista de su informe médico, que le impedía acudir, pero visto también cómo había estado en los medios la noche anterior, no había causa de suspensión que valiera.

Después de esa entrevista con ella, animado porque veía posibilidades de que Antonio pudiera salir y enderezar el proceso, acudí raudo a visitarle con las nuevas buenas procesales.

Era una de las primeras veces que podía contarle algo positivo, y no por falta de esfuerzo para conseguirlo, simplemente porque la vorágine entonces impedía ejercer el derecho de defensa con todas las garantías.

Existían también informes médicos muy elaborados sobre la drogodependencia de Antonio que hubieran servido para mandarle a un dispositivo rehabilitador distinto a la prisión y ni por esas se hizo justicia, abocándolo en prisión a un tratamiento inexistente y a un consumo desaforado sin control, ni de la cantidad ni de la calidad de lo que conseguía dentro.

Era obvio que iba a pagar por todas las muertes que se habían producido de mujeres, que el "chivo expiatorio" –qué cobardía las de los poderes públicos– pagaría con creces el dolor causado en otras familias que no conocía de nada.

Antonio era un poco en ese momento como los que llaman "piratas", y algunos lo son, pero otros simplemente son hijos de la miseria, que Occidente, después de esquilmar sus mares en el Océano Índico, detiene y son entregados a países en los que no hay sistema de garantías alguno. Se les apresa y con ellos se aplica la justicia ejemplar en un claro ejemplo del llamado derecho penal de autor.

Antonio era la pieza cobrada que serviría incluso para que la Comunidad de Madrid creara, o reactivara, un llamado Observatorio de la Violencia de Género, que no servía para mucho y que además, en el colmo del despropósito garantista, tenía como vocal, amen de a Jesús Neira como Presidente, a la Presidenta del Tribunal encargado de juzgar, en exclusiva, en Madrid los delitos más graves contra las mujeres.

Es obvio que, desde mi punto de vista como abogado, no cabía mayor falta de imparcialidad cuando se juzgaban en ese tribunal hechos cometidos al albur de lo que se viene a denominar "violencia de género".

Se utilizaron sus procedimientos, su persona y sus derechos, para avisar a la población, en una suerte de castigo ejemplarizante.

La prisión preventiva como pena anticipada para amedrentar a futuros "maltratadores" -aunque el video demostró que Antonio, si bien con una actitud inaceptable y bajo el influjo poderoso de la ingesta de droga, no maltrató a Violeta en modo alguno-.

SEXTO CAPÍTULO

LAS PATRIAS PERDIDAS: LA INFANCIA COMO LUGAR DE CONFORT Y MIS PRIMEROS INICIOS EN LA PROFESIÓN

Acaso lo que ahora continúo escribiendo, y no sé si tendrá continuidad, meses después de morir Antonio sirva de bálsamo a la familia, si así fuera me serviría de mucho el esfuerzo de ponerme frente a una hoja en blanco y recordar detalles nimios, a veces, que para mí eran muy importantes, pues eran la punta de un iceberg que debía calcular y pesar, una suerte de encierro con astados muy pesados, piruetas en alambres que tenían un eco desmedido si resbalaba y caía a un foso sin red.

Y es que escribo y convivo con la inseguridad y con el desaliento, con la incertidumbre irremediable sobre el valor de lo que he hecho, con la vulnerabilidad ante los juicios negativos y la sospecha de que pueden ser menos infundados que algunos elogios.

Pertenezco por derecho y edad, más por lo primero pero también por lo segundo, a una generación que vio en primera línea de fuego los estragos de la droga y que incluso, aunque muy poco, desde el miedo que siempre tuve a perder el control –soy excesivamente controlador–, coqueteó con ella.

Los trozos de metralla de esa guerra perdida de antemano –en la que no hay Convenio Internacional que proteja a las victimas colaterales del conflicto–, se incrustaron sin remisión en mi vida. Perdí una hermana de 25 años, aunque llevaba muerta mucho más tiempo, por esa lacra y sé de lo que hablo.

Me urge en este momento de la vida en el que creo que he de empezar a recoger lo sembrado y repartir las gracias –que no fueron pocas–, que la vida me brindó, reivindicar la figura de todos ellos (y es que es dramático que una generación entera, diezmada, haya pasado desapercibida salvo en los recuerdos de quienes les amaron y en las manos de quienes les acunaron desde el sonido de una nana).

En esa lista, ordenada alfabéticamente como un mausoleo erigido a los caídos, se encontraría mi hermana, pero también Antonio –como se ve han confluido muchos orígenes, nada distintos, en este libro–, un superviviente que supo capear todos los temporales que se encontró en el camino, aunque finalmente le enganchó sin misericordia ni piedad el mismo destino que a los demás.

Simplemente era cuestión de tiempo y precisamente lo que no nos sobra, porque siempre nos atrapa –y más a medida que te haces mayor, donde parece que el tiempo ya vuela–, es la unidad con la que medimos el transcurso de la vida, su devenir. Ese concepto, maldito por fugaz, llamado tiempo que se escapa entre los dedos cuando queremos cogerlo, y que no se mueve, no avanza, cuando necesitamos huir de una pesadilla que nos atenaza.

Quizás sea mi subconsciente –la parte mía con la que cada vez más me congracio, la que me hace verdadera justicia, con la que definitivamente mejor me encuentro y la que abrazo al dormir– quien me esté empujando a escribir estas hojas –una tras otra, retomando y corrigiendo lo ya escrito, vomitando, textualmente, a veces frases inconexas que luego he de ordenar en el folio en blanco pasada la resaca de la arcada–.

Escribo porque me sirve de bálsamo para el alma, porque lo necesito, porque mi sensibilidad, no exenta de una maldad que no quiero reconocer como propia, me pone ahora frente a esta tesitura y creo que debo hacerlo.

Escribo porque escribir es agarrarse a lo vivido, porque no recuerdo la voz de mi hermana, y eso me mata, porque si no escribiera no podría expulsar los fantasmas que me rondan y que me piden les dé voz. Escribo, en definitiva, porque es un remedio para los males del alma.

Escribo también como terapia psicológica, para ordenar mi mundo y comprenderlo, para vivir vidas que no he podido vivir ni salvar, para enmendar la vida que sí he vivido, para curar mis culpas –que me atormentan–.

Escribo incluso para sobrevivir a la muerte en un ejemplar de un libro en el que figure mi nombre y la historia que conté, y quede para siempre, mi espíritu así no desaparecerá, depositado en la estantería de una casa.

Hace poco, leyendo el discurso de Orhan Pamuk en la Academia Sueca cuando recibió el Premio Nobel, encontré su razón para escribir, que comparto absolutamente:

"Como todos ustedes saben, la pregunta que más a menudo se nos hace a los escritores, la que más gusta, es la siguiente: ¿Por qué escribe?. ¡Escribo porque me sale de dentro!. Escribo porque soy incapaz de hacer un trabajo normal como los demás. Escribo para que se escriban libros parecidos a los míos y yo pueda leerlos. Escribo porque estoy muy, muy enfadado con todos ustedes, con todo el mundo. Escribo porque me gusta pasarme el día entero en una habitación escribiendo. Escribo porque solo puedo soportar la realidad si la altero. Escribo para que el mundo entero sepa la vida que hemos llevado y seguimos llevando yo, los otros, todos, nosotros, en Estambul, en Turquía. Escribo porque me gusta el olor del papel, de la pluma, de la tinta. Escribo porque más que en cualquier otra cosa creo en la literatura y en la novela. Escribo porque me da miedo ser olvidado. Escribo porque me gustan la fama y la atención que me ha proporcionado la escritura. Escribo para estar solo. Escribo porque puede que así comprenda la razón por la que estoy tan, tan enfadado con ustedes, con todo el mundo. Escribo para ver si acaba de una vez esa novela, ese artículo, esa página que he comenzado. Escribo porque eso es lo que todos esperan de mí. Escribo porque inútilmente creo en la inmortalidad de las bibliotecas y en cómo mis libros están en los estantes. Escribo porque la vida, el mundo, todo, es increíblemente hermoso y sorprendente. Escribo porque me resulta agradable verter en palabras toda esa belleza y esa riqueza de la vida. Escribo no para contar una historia sino para crear una historia. Escribo para librarme de la sensación de que hay un sitio al que debo ir pero al que no consigo llegar, como en un sueño. Escribo porque no consigo ser feliz. Escribo para ser feliz."

Poner las palabras por escrito en un libro es, decía Unamuno, una "tragedia del alma", y acaso escriba entonces también por ese miedo a quedarme a solas con mi dolor.

Escribir es el remedio para que eso no sea así y pueda compartirlo, aunque hacerlo suponga egoísmo por mi parte, porque yo me aligero de sufrimiento y otro, el lector, se lleva la parte que le cedí, acaso a traición, simplemente al abrir el libro que tiene entre las manos.

Escribo, en conclusión, para ganar un salvoconducto con el que deambular por el complejo y fascinante laberinto humano.

A veces estoy tentado de dejarlo, me agoto en cada página y cada añoranza, pero los paseos y recuerdos que llegan con la razón despejada me abren de nuevo la mente, vuelvo al lugar donde lo dejé y encuentro la causa de mi escritura.

Ni siquiera sé si este compendio de reflexiones y vivencias verá la luz, si por el camino lo haré desaparecer –supone desnudarme una situación que me origina pavor, una vergüenza infinita, y los que de verdad me conocen, los que viven mi timidez contrafóbica e inseguridad, lo saben–.

Son éstas por tanto unas páginas no exentas tampoco de dolor y angustia, que acaso se mitiga al escribir cada letra y formar con ella la siguiente palabra que dará sentido a la frase.

A una frase le sigue otra y luego la siguiente. Así completo una página, termino un capítulo y me voy sintiendo mejor porque me deshice de equipaje.

Son unos folios que salen de mi interior, de mis entrañas, en defensa de quienes no han tenido voz y han padecido los rigores extremos de esa canallada que casi siempre es vivir, y más hacerlo en la intemperie de los afectos.

Un homenaje a los seres humanos que he visto desaparecer por el sumidero de la historia, su historia personal y la de sus familias.

Hace unos meses recibí un correo. El día después de que apareciera en Telemadrid, en un programa grabado, con imágenes tomadas en el despacho, en el que se me preguntaba por la figura de un conocido, y controvertido, juez.

El email decía lo siguiente:

Hola Fernando, hoy te he visto en la tele y me ha dado una gran alegría volver a verte después de muchos años, aproximadamente 20 o mas, me decido a escribirte simplemente para darte las gracias por el comportamiento que tuviste con mi familia en esos tiempos, dirás que quien leches soy, te explico: no se si te acordarás de V. M. G. M.del barrio de San Fermín en Madrid, le atendiste a cualquier hora que te llamara mi madre, le sacabas enseguida de las comisarías, cárcel, etc...,que por cierto no te puedes imaginar lo que dice y habla de tu persona, de verdad te llevara siempre en el corazón, como el resto de mi familia, creo que este agradecimiento se te tendría que haber hecho en su debido momento y con mejor forma que la que estoy haciendo yo ahora, pero creo que es lo mínimo que puedo hacer mi hermano falleció hace ahora 16 años, supongo que te lo imaginarias, es lo que tiene coger ese camino, le seguimos echando de menos, era buena persona, bueno no me enrollo mas, espero que te vaya bien en lo personal y familiar.

Jorge.

Cómo no acordarme, le contesté, si supuso una de las pruebas de fuego más duras en mi profesión que hace 20 años comenzaba. Jorge no se acordaba que estuve viendo a su hermano en la UCI del Hospital

Doce de Octubre y que acudí al Tanatorio Sur a dar un abrazo a la familia cuando falleció.

Quizás también se me reproche, ya lo han hecho los que han podido leer ese primer estado embrionario que tiene lo que uno escribe, un trato benevolente con mis personajes de este ejercicio de nostalgia escrita al que ahora pongo forma. Pero vuelvo a saber de lo que hablo.

Mi legitimación, por las experiencias adquiridas –me he empapado de ellas–, está fuera de toda duda para relatar hechos y salvar la dignidad de esos enfermos a los que se demoniza sin tregua –es otro ejercicio de hipocresía, muy unido a una actitud de defensa social, similar a la homofobia: se ataca lo que se teme porque aterra caer en lo mismo, parecerse a lo que se odia–.

La identificación con el "otro", aquí produce un rechazo, una especie de protección frente a la zona oscura del inconsciente (ahí estuvo la clave del linchamiento de Antonio Puerta, se atacaban nuestros miedos de caer en el mismo comportamiento que él tuvo, a la vez que se protegía nuestra zona de confort en la que estamos cómodamente instalados).

Fue un acto claro de hipocresía social y política en el que el ciudadano, honesto y asquerosamente cabal –nada me aterroriza más que la gente que es todo razón y nada pasión o corazón–, rechazó la imagen que el espejo le devolvía.

Esas imágenes a cámara lenta que emitieron las televisiones, lo que acaeció el día 2 de agosto de 2008, nos mostraban en segundos lo que el subconsciente del ser humano esconde porque teme: la parte irracional y sin control, consustancial a nuestra naturaleza animal, los fantasmas, que todos tenemos, que escondemos en los armarios de nuestras casas y que todos negamos existan, aunque sepamos dónde les guardamos y cómo se llaman porque llevamos conviviendo con ellos desde siempre, y lo que es peor, de esos espectros no queremos deshacernos. Yo tengo los míos y los protejo, forman parte de mi edificación vital, sin ellos los cimientos no aguantarían.

Hablo pues desde la lucidez, el dolor y la experiencia, desde los síndromes de abstinencia de locura, sin apenas medicación, que no existía, que pasaban los drogodependientes entonces, de las botellas de metadona en el portal de casa para una manada de zombis que venían a compartir las migajas del tratamiento de mi hermana –entonces había "clases" para acceder al remedio sustitutivo del "caballo" y ella sí podía acceder a un tratamiento–, de las alucinaciones que sufría, en el salón, viendo, sólo ella era capaz de visualizarlos –o acaso siempre estuvieron ahí y sólo "ellos" pueden verlos– insectos que por el techo decía que campaban, nos retaban y se burlaban.

Hablo también de su demacrado aspecto, de todos sus "colegas" –esta palabra siempre me ha producido después escalofríos y rechazo por los recuerdos que me trae– que se fueron marchando.

De la Plaza de Chueca de entonces, nada que ver con la imagen moderna, a medio camino entre lo "cool" y el bastión gay, de ahora, y del reducto de cadáveres andantes que la poblaban y que trapicheaban para acceder al penúltimo pico. Era allí donde la buscaba cuando desaparecía durante mucho tiempo y donde siempre la encontraba.

Hoy en día paseo mucho por allí y me siento en un banco a esperarla. Cierro los ojos y me imagino que sube desde la boca de metro o que me llama desde el otro extremo de la Plaza, morena, tan guapa, con sus pulseras poblando sus brazos y esos ojos teñidos de tristeza.

Hablo de las múltiples compañeras de habitación, en los innumerables ingresos hospitalarios, de mi hermana, que corrieron la misma suerte –nunca olvidaré a esa chica morena de etnia gitana, que me dijo que en sus ojos "veía la muerte"–, de mis noches velando su sueño, de su agonía, de los taxis que la ultima vez que ingresó ya no la paraban, desconfiando de un estado físico que aterrorizaba. En definitiva, de ocho años de un calvario que nada tiene que envidiar al del Gólgota. Sé pues de lo que hablo.

Tengo legitimidad, sino moral, sí poética, y me basta con esa, para hablar y no parar.

Para contar ese entierro en el que sentí que se derrumbaba mi infancia, lo que quedaba de ella, para siempre y que desde entonces sería ese paraíso nunca más recordado –el olvido es un resorte defensivo que los seres humanos utilizamos–, hasta el punto que también olvidé cómo fueron todas mis noches de Reyes.

Para rememorar, acaso buscándolas para no salir de ellas y atraparlas, fijándolas en la memoria, unas coordenadas espacio temporales ya lejanas en las que mi madre se agarraba a una urna de cenizas con la que la vida, literalmente, se le iba, y un poco a todos nosotros.

Entonces a mi madre – hace poco enseñé la carta, ya en color sepia por el paso del tiempo, que conservo, a mis hijos–, le publicó el diario "El País" –agosto de 1990–, lo siguiente:

"Donde mueren los jóvenes"

Ha muerto mi hija de 25 años victima de la heroína. Atrás quedan ocho terribles años y una familia destrozada.

El tremendo dolor que se siente al ver morir lentamente a una hija en lo mejor de su vida, se pudo paliar en algunos momentos, y este es el motivo de la carta, gracias a los cuidados que recibió por parte de todo el personal del Hospital Carlos III. La sociedad ignora que en ese centro existe una planta, totalmente insuficiente para las necesidades actuales, donde mueren constantemente jóvenes que no llegan a cumplir los 30 años, victimas de las múltiples enfermedades que produce la drogadicción; y asimismo también que estos enfermos están atendidos por un colectivo de personas que los cuida y trata con una vocación, un cariño y una eficiencia que se merece el reconocimiento no solo de los familiares sino de toda la sociedad, ya que estas personas consiguen que nuestros hijos mueran como seres humanos que son, lo que a lo largo de sus tristes y equivocadas vidas se les niega constantemente.

Desee aquí mi más agradecimiento para todo el equipo de la sexta planta del hospital Carlos III, a los que no olvidaré nunca.

En las largas noches que pasé cuidando a mi hija, siempre veía desde su ventana cómo se erguía majestuosa la Torre Picasso; no podía evitar un sentimiento de dolor, ya que sus habitantes, por muy altos que tuvieran sus despachos, estoy segura que nunca verían la ventana de la habitación donde mi hija agonizaba ni todo lo que había detrás de cada una de las ventanas.

Antonio Puerta era de su edad, tenía también la rebeldía innata de ella. Verso libre como todos los de aquella generación, buscaron en la heroína y otras sustancias el placer que les sumiera en la paz, en una tregua ante una situación vital que detestaban y no comprendían.

Siempre he pensado, mi profesión, desde las guardias de detenidos me lo ha ratificado, que eran niños que no supieron crecer.

Enfermos de un síndrome que les ataba al recuerdo de la cuna, se aferraban, desde un concepto claramente psicoanalista, al chupete, al sonajero y al biberón.

El mundo de los adultos no les pertenecía, el de ellos, en el que se movían como pez en el agua, era el de la infancia y las contemplaciones egoístas propias del niño enfadado que reina en su habitación, primero decorada con fotos de dibujos animados y luego cantantes de pop famosos, ya en la llegada de la prepubertad.

Los primeros balones, esa muñeca que hablaba y que podían peinar eran sus posesiones más queridas y nada había en la edad adulta que les pudiera satisfacer más que esos objetos que los Reyes Magos –la única excepción que hacían en el trato con adultos, por ser irreales y mágicos y no suponer imposición alguna– les habían traído y que constituían todo su tesoro.

En el caso de mi hermana era un ejemplar de un Bambi de peluche, grande, con las orejas erguidas, que siguió allí, como testigo de su presencia, cuando ya dejó de vivir con nosotros y se lanzó a la aventura que habría de matarla.

La niñez de todos ellos era su patria, la que perdieron, la madre de todas las naciones en la que pusieron su bandera y marcaron un territorio al que no dejaban entrar a extraños –y menos a los adultos, con sus exigencias y su rencor instalado e inamovible–.

Ese discurso también caló en parte en mí –si bien con grandes diferencias, pues lo puedo contar–, hasta el punto de que a mis hijos les digo que aprovechen la infancia, que literalmente se la beban y que no tengan prisa por crecer y experimentar sensaciones propias de mayor –pero de que no se queden instalados en ella, en la infancia, ya me ocuparé yo–.

Cuando les llegó el desalojo –a todos les alcanza esa ley de vida–, de su espacio de confort, el aviso de que debían hacer la maleta y enfrentarse a la realidad que proclamó Jaime Gil de Biedma en su clarividente poema "No volveré a ser joven" –"envejecer, morir es el único argumento de la obra"–, entonces se rebelaron, apretaron los dientes y los puños y salieron. Era obligado salir, pero buscaron y hallaron otro espacio, estupenda entonces estancia, con chimenea, engañosa, en la que instalarse, refugiados del frío de fuera.

Lo malo, por aterrador, era que las brasas de ese fuego artificial que encendieron para calmar su angustia, también saltaban y prendían a los de al lado.

A ellos les quemaba, les abrasaba y les minaba, pero las llamas, indefectiblemente, se extendían también al resto de la familia.

Se encendía así una especia de pira que siempre terminaba siendo funeraria –en el caso de mi hermana concluyó ese fuego en un crematorio, donde la despedimos un mediodía de julio de 1990 entre grandes lágrimas mías, pues había sido todo para mí–.

Sé de lo que hablo, lo grito, y no soy benevolente, nada más lejos –aunque podría reconocer que puedo tener una especie de "síndrome de Estocolmo", asociado al continúo roce y a esa especie de cuidados que brindo, así dicen, a los que cerca tenga y veo desvalidos.

Les he curado, asesorado, defendido en estrados, cuidado, dado de comer y limpiado. He sido voluntario con enfermos de sida terminales a los que con un ángel de su guardia, mi compañera de profesión Beatriz, un día a la semana asesoraba para que no ingresaran en prisión, arrastrados por las causas judiciales antiguas, y murieran dentro solos –todavía tengo en la retina los llantos de las madres que buscaban los cadáveres de sus hijos en las cárceles y la indiferencia de la clase política y la sociedad ante ese dolor–.

En la antigua prisión de Carabanchel, hoy reconvertida en centro de internamiento de extranjeros –nuevos presos por el hecho de no tener una invitación en regla al festín de occidente, a nuestro mundo de opulencia y lujo–, más de una vez me crucé con una familia a la que acababan de llamar porque el interno había fallecido.

La administración, tan inhumana, no les dejaba salir y morían solos como perros, sin la presencia de esa madre, a la que se encomendaban, llamándola a voces, en el último suspiro de su vida (con mi hermana también apareció la figura de la madre, y la mía, en sueños muy profundos, y ya muy lejanos, que la condujeron a su patria perdida, la infancia, en sus últimos estertores).

Lo he vivido también en el poblado marginal de La Rosilla, en un proyecto de la Agencia Antidroga de la Comunidad de Madrid a finales de los noventa –o quizás fue a principios del nuevo siglo, en el año dos mil o dos mil uno–, la memoria, cuando me protege de recuerdos dolorosos, a veces ya no es un elemento a destacar con fuerza en mi personalidad.

Allí en la narcosala, donde se pinchaban con medidas de higiene y control de la calidad de lo que les iba a entrar por la vena y con un elevadísimo riesgo de contagio de la tuberculosis –que finalmente, el miedo a la misma, con un niño pequeño, hizo que dejara el proyecto–, con cepas irreductibles y nuevas, asociadas al VIH, jugué y alterné con la muerte en todas sus caras.

Paseé por el poblado, siempre con gente de confianza del mismo –es impensable hacerlo de otro modo–, viendo, sin disimulo, cómo la venta era una actividad frenética.

Grandes chabolas, a modo de bunker, con puertas blindadas también dentro, entre unas habitaciones y otras, de tal manera que cuando la policía lograba entrar les había dado tiempo a tirar por el baño la sustancia que adulterada vendían.

Mantenían también hogueras siempre encendidas, aun en verano y de día, para poder arrojarla y hacerla desaparecer.

Antenas parabólicas, coches de lujo y unos seres demacrados, los llamados "machacas", que se encargaban de llevar allí a los compradores a cambio de unas míseras dosis con las que conseguían pasar el día y no tener que acudir al centro de la ciudad a realizar un tirón o un robo, eran moneda común del paisaje.

Eran esos "despojos", aun con la dignidad inherente al ser humano, los que vivían en cubos de basura, en tiendas de campaña o debajo de plásticos, y servían de enlace a los mercaderes del templo, grandes traficantes que escondían el dinero debajo de la tierra y que contaban con un plantel de abogados, ya se dijo, que cobraban en metálico billetes manchados, literalmente, de sangre.

Mi estancia en ese poblado de la muerte hizo que entonces, y ahora me urge rescatarlo, escribiera lo siguiente acerca de la existencia –inexistencia– de Dios:

Debió ser hace unos años cuando te marchaste, en pleno terremoto vital en el que seguía buscándote en poblados marginales, al lado de curas que acogían en sus casas, habilitadas con el amor tuyo o a ti, que no es lo mismo pero es igual, a enfermos terminales, tanto de la vida como de la salud; grandes olvidados que conformaban entonces el tercer mundo y ahora el cuarto (es escalofriante, y seguro que a ti te aterra como a mí, que se celebren grandes fastos de protección a la familia a escasos kilómetros de donde otros seres, en esta misma ciudad, también familias, mas estas pobres de solemnidad, malviven y se mueren en vida).

Fue el conocimiento y el compartir, y departir, con aquellos chicos y chicas ya fallecidos, lo que me mantuvo alerta en tu existencia, posponiendo para mejores ocasiones el continuar tu incesante <u>búsqueda</u> (obsérvese la de veces que la palabra se repite... y es que es una de las palabras más bonitas escritas en castellano, por lo que tiene de significado).

Buscamos desde el Unicornio Azul de Silvio Rodríguez, hasta la cebolla de Miguel Hernández, con forma de nana, para que malcoma su hijo, y no se lo lleve la hambruna.

Aquéllos fueron tiempos en los que conversaba contigo, y ahora lo veo claro, a través de ellos,

tus verdaderos hijos; en las cárceles de Carabanchel, Navalcarnero, en las camas en las que agonizaban, en las comisarías, procurándoles que el policía de turno les dejara meterse el pico con el que, homenajeándose al salir del permiso carcelario anhelado, ponían fin a su existencia –que era todo menos eso– en un lúgubre portal al que acudían buscando –de nuevo la palabra– a la novia que dejaron al entrar y que ya no era ni estaba.

Posteriormente, retomando el proyecto de la Agencia antidroga de la Comunidad de Madrid te volví buscar, pero he de decirte que ahí sí que no estabas, te lo aseguro.

No estabas en el perrillo, que situaba Juan Ramón con Platero, que cosían los voluntarios de Médicos del Mundo, a pelo, sin anestesia, con las tripas fuera, atropellado, porque era la única pertenencia y compañía del enfermo que por subvenir a su dosis vivía, literalmente – y yo lo he visto, tú no, pues no estabas, repito – en un contenedor o cubo de basura.

Ahí no te encontré y eso sacudió mi conciencia violentísimamente y me alejó de ti con odio, el odio del engañado, del corneado por su conciencia y tu inconciencia.

Con el paso del tiempo uno tiende a buscarle causas a todo y creo que lo descrito, el tiempo que pasé entre las cepas irreductibles de tuberculosis asociadas al sida, en el "cuarto mundo" del que hablé, junto con la lectura de determi-

Qué decir, qué contar de esos primeros años de ejercicio en los que en las guardias de detenidos siempre teníamos que asistir, velando por sus casi inexistentes derechos –qué paradoja que los únicos derechos que tenían entonces en sus vidas eran los que la Constitución cuando estaban detenidos, les asignaba, como la asistencia de un abogado– y procurarles que los policías, si un alma entrañable encontrábamos, les aliviara el mono con algún tranquilizante propio sacado de un cajón.

Lo habitual era que los gritos se escucharan desde fuera. Aullidos de abstinencia y ayuno que pasaban a pelo en el sucio calabozo, con mantas raídas y manchadas de orines y vómitos, que nunca eran lavadas y que esperaban día tras día al siguiente ocupante de ese sórdido lugar.

Los jueces, no todos, es de justicia decirlo, entonces no se quedaban atrás en el asco y el mal trato.

Recuerdo aquella juez, de colmillo retorcido, que tenía ese cartel tan ilustrativo en su mesa –"ruego no le den la mano a la juez si ella no se la da a usted"–. Una advertencia hecha desde el miedo y el asco, desde la discriminación de clase, posición social y la falta de compasión. Sillas propias, desvencijadas y con manchones imposibles de quitar, para los detenidos y hasta bolígrafos en exclusiva para ellos.

Lo más sangrante era cuando esos jueces, pluriempleados en universidades privadas de lujo, llevaban a sus alumnos de la carrera de Derecho o master de campanillas, a las guardias de detenidos.

Niñatos de polo de marca y familia bien, que habían crecido entre oro, incienso y mirra, bajaban al infierno, sentados detrás de la juez, como protección simbólica, y observaban a esos tipos cadavéricos que con un olor nauseabundo –entonces habían pasado muchas horas desde su detención y muchos se hacían las necesidades encima–, declaraban que ellos no habían hecho nada y que sólo pasaban por allí –aunque hubieran sido sorprendidos dentro del coche haciendo el puente para ponerlo en marcha y llevárselo–.

La falta de compostura era tal, que la juez se permitía el lujo, para regocijo de los mequetrefes –a los que yo hubiera metido en los calabozos con ellos– que le acompañaban, de hacer chanza (como cuando fue sorprendido aquél otro que asistí en la estación de Chamartín con varios kilos de hachís y la juez le preguntó, cuando el detenido dijo que era para su consumo, "si se hacía canutos de medio kilo").

O el antillano, negro como el carbón y con siete hijos de otras tantas mujeres, a las que al final desde el despacho mandábamos dinero para que pudieran mantenerlos, detenido en Barajas, y que asistí en una guardia de detenidos, con bolas de cocaína en su organismo.

En la comisión judicial ese día al hospital, donde estaba vigilado para que expulsara lo que llevaba, nos acompañaron esos invitados, alumnos de master y excelencia académica -a mí nunca nadie, ni a otros compañeros, me pidió permiso para que estuvieran-, y a todos ellos el pijama que tenía el detenido les produjo mucha gracia.

Qué hilaridad en un momento en el que se le decretaba prisión preventiva y se quebraba su proyecto de vida personal y familiar.

Entonces del Sida nada se sabía y me encontré con policías que justificaban el que tuvieran sus propios bolígrafos para firmar la declaración, desde el miedo al contagio de la mortal enfermedad.

Hemos evolucionado en conocimiento sobre la misma, es obvio y convengo en ello, pero no con relación al miedo -miedo a la muerte, al fin y al cabo- al contagio.

Eran los tiempos en los que la gente "bien", expresión que causa nauseas, denominaba "sidosos" a los enfermos, desde una suficiencia detestable. No soportaba ese término. Me podía.

Recuerdo como en innumerables ocasiones, después de las asistencia a esos zombies, llamaba a las familias -muchas no querían saber nada, hartas del calvario al que estaban sometidas después de las miles de oportunidades concedidas-, pidiéndoles informes médicos de sus hijos para que les fueran prescritos tranquilizantes o metadona o evitar un ingreso en prisión alegando el hecho de la drogodependencia.

Recuerdo incluso bajar a calabozos con el frasco de metadona para el detenido y cómo el funcionario de turno, un ignorante con prejuicios, se oponía a que se lo bebiera con el argumento de que podía ser otra cosa –y eso que se acompañaba de la receta dispensada por el centro de drogodependientes donde venía siendo tratado el detenido enfermo–.

Añoro ahora, en el paseo por el recuerdo, los ojos pícaros de Mercedes, enferma de Sida, hija adoptiva de una prostituta, que de niña, antes de ser dada en adopción, acompañaba a su madre mientras se "ocupaba" con el cliente de turno.

Me tocó asistirla en una guardia de detenidos del turno de oficio por varios robos con intimidación, con jeringuilla, en la zona de Pueblo Nuevo y Ascao, en Madrid, y ya no me separé de ella en mucho tiempo, llevándole el resto de asuntos que tenía pendientes, intentando conseguirle la mejor condena –si es que hay condena buena– para que pudiera ser tratada de su dolencia, añadida a una patología grave de corazón.

Esa niña, dolida y enferma, fue dada en adopción a una pareja mayor que no comprendió, entonces era algo que las familias no sabían asumir, la deriva destructiva que su hija había tomado

Durante unos años le perdí la pista y de repente, un día en la cárcel de mujeres de Meco, de visita a una defendida para preparar un juicio, me acerqué a una ventana desde la que salía música, y ahí estaba ella, vivita y coleando, ensayando una obra de teatro en el salón de actos que le permitía salir, debidamente custodiada, por los pueblos de la comunidad y respirar libertad mientras interpretaba su papel con garbo, picardía y generosidad.

Retomé entonces el contacto y conocí a su pareja, otra interna –qué usual es la relación homosexual en las prisiones de mujeres–. Las dos, tan felices dentro, no sabían qué les podía deparar el futuro fuera, con una sentencia de muerte con nombre de enfermedad y una sociedad llena de prejuicios.

Supe que el contacto con sus padres y hermano adoptivo, que conseguí en su momento volviera a ser normal, continuaba y que ellos no habían vuelto, desesperados desde su incapacidad de entender su comportamiento, a dejarla sola.

Pobre Mercedes –y tantos otros–. Simbolizaban todo lo que Ellacuría denominaba el pueblo sufriente de Dios: pobre, prostituta a tiempo parcial para pagarse su dosis, heroinómana, enferma de sida y abandonada a su suerte.

No fue distinta la chica de Cabo Verde, prostituta y negra –como señas "discriminatorias" en este mundo poblado por honorables padres de familia–, que fue quemada viva junto a su chabola formada por plásticos y a la que fuimos a interrogar, el juez y el funcionario que transcribiría lo dicho, a una unidad de quemados, pertrechados del gorro y las fundas verdes de los zapatos para evitar infecciones a quienes tenían la vida pendiente de un hilo.

La chica, casi una niña, que no pudo identificar a su agresor –un chico detenido que me toco asistir– porque no pudo volver a articular palabra desde el dolor más brutal, con el cuerpo quemado casi en su totalidad, simbolizó también entonces el dolor de la humanidad en su conjunto.

Los ojos, su mirada desde esa cama de la unidad de quemados, daban respuesta a todos los interrogantes sobre la existencia de un Dios bueno y misericordioso –aquí que el lector saque sus propias conclusiones–.

Esa tristeza de una vida que se acababa la llevé puesta mucho tiempo y esos ojos los busqué, sentí esa necesidad, por la calle, para poder acaso reconciliarlos con la belleza de las pequeñas cosas. Durante mucho tiempo en mis paseos cada vez que me crucé con una chica de color intenté fueran los suyos. Me hubiera servido para reconciliarme con Dios, necesitaba esa doble alegría, ver que ella estaba bien y sentir que Dios no me había abandonado en mis dudas de fe, originadas por lo vivido.

Nunca encontré esos ojos porque ella, luego me enteré, falleció al poco de esa visita hospitalaria.

Nunca me olvidaré cómo ese juez, gran persona y profesional, le impresionó tanto lo que vimos, que a la vuelta, en el coche del juzgado, mascullaba solo, desorientado por la experiencia vivida, que ahora le tocaba meter mano a los poderosos, simbolizando toda la injusticia que acabábamos de vivir, en la persona de un concreto financiero, presidente de un club de futbol de la capital, cuya ciudad deportiva estaba entonces al lado del Hospital al que habíamos acudido.

Ahora puedo decir, muertos todos ellos, que el chico, heroinómano como ella, habitual de las cloacas de la vida, lo hizo, así me lo confesó ya en libertad –al juez no le quedó otra opción que dejarle libre y archivar el procedimiento–, y que se libró de una pena ejemplar desde la falta de testimonio de ella.

Entonces estaban también los curas de la periferia, denostados e incomprendidos por muchos, que acogían chicos y chicas en su casa, enfermos o simplemente abandonados. Ellos simbolizaban el Evangelio, sólo ellos.

Yo conocí a uno de aquellos héroes anónimos del día a día, un vaquero solitario.

Enrique de Castro simbolizaba el perfil del héroe que he citado. Su acción es tan próxima al Evangelio, que la miserable Conferencia Episcopal viene persiguiéndole por no adecuarse a los cánones y la liturgia.

Soy de la opinión, y sólo mentarles me subleva y llena de indignación, que los dirigentes de la Iglesia española deberían bajar a los infiernos en vez de hacer política, siempre dirigida, a mayor escarnio, a las clases más acomodadas y favorecidas (y sólo hay que ver las manifestaciones a favor de ese ente llamado familia o cómo luchan por sus prebendas en forma de colegios religiosos, con un claro trasfondo económico).

Son ellos, conociendo a los otros sepulcros podridos, verdaderos rostros de Jesús en la tierra, los que han hecho que deteste profundamente la liturgia y la Misa, la confesión y las fiestas religiosas, y que mi fe, si así se pudiera denominar, se encamine hacia los que sufren, a los desposeídos, a quienes nada tienen. A los desheredados de la tierra.

De hecho, en mi estancia en el Monasterio de Silos no faltaba a los actos de silencio, reflexión y recogimiento, pero huía de la Misa diaria que nada me aportaba –los golpes de pecho, entonar el mea culpa y la Comunión me son totalmente ajenos– y que constituía un ejemplo de lo que entiendo no es el mensaje del Jesús histórico –por el que siento autentica devoción, mas desde la razón–.

Sobre Enrique de Castro, o precisamente por él, escribí la siguiente "Carta al Director" que me publicó el diario El País en abril del año 2007, cuando arreciaban las críticas del mandamás de la Conferencia Episcopal:

"Cuando en el año 1991 comencé a ejercer mi profesión de abogado, lo hice de la mano de Enrique de Castro, sacerdote y ser humano sin igual, con chicos y chicas que acogía en su casa, desarraigados, abandonados, pobres de solemnidad y con múltiples procedimientos penales pendientes. Puedo decir que de él aprendí lo que era el mensaje de Jesús de Nazaret.

Le había conocido el año anterior, cuando fallecía mi hermana, y él, con sus chicos/as ingresados, no dejaba en momento alguno el Hospital Carlos III de Madrid, acompañando en sus últimos momentos a las víctimas de la droga en una época en la que nada se sabía de la misma: la maldita heroína y las enfermedades asociadas a la misma, que diezmó a toda una generación. Me urge, por tanto, ponerle como ejemplo de lo que

es la Justicia Social, con mayúscula obligada, a diferencia de lo que la caridad, de marquesas y mesas petitorias, supone.

Enrique de Castro pudo haber seguido el camino de otros curas, burgueses de barrio bien, que "respetan" la liturgia pero no ahondan en el verdadero sentido de la solidaridad; él tuvo claro, como Ignacio Ellacuría y tantos otros, que no se podía servir a la vez al dinero y a Dios, y que Jesús, de existir, se encontraba con los desheredados de la Tierra. Yo ya no creo en el más allá, pero si existiere, Enrique estará en el Reino de los Cielos, para escarnio de aquellos otros sepulcros blanqueados pero podridos por dentro".

Enrique vestía vaqueros y camisa, nada de alzacuellos. Luchador y con las cicatrices de la vida en la cara, topé con él la primera vez en el acceso al Hospital de infecciosos Carlos III, en Madrid, intentando que le dejaran entrar los vigilantes, obvio está decir que lo consiguió –¡¡menudo era él!!–, a la planta donde se moría alguien querido.

Allí velaba a uno de sus chicos, enfermo terminal, y allí entendí el mensaje real de Jesús de Nazaret, el que de generación en generación ha llegado hasta nuestros días gracias a gente como él.

Comprometido, sacrificado, expuesto a todas las infecciones del mundo, se remangaba, literalmente, para curar las heridas del cuerpo y alma de sus múltiples hijos –era entonces el padre ausente de todos ellos–.

Hoy en día continúa su labor y ha cambiado a esos chicos, ya fallecidos, por otros que necesitan igualmente cariño y apoyo, los chicos inmigrantes que llegan solos a España, muchos en patera, y que vagan por las calles sin familia ni ocupación.

Yo me encariñé mucho con él y desde el golpe que me supuso perder a mi hermana, como nudo que a ella me unía, pues él también la velaba y la conoció, comencé a acudir a su casa del Pozo del Tío Raimundo.

Allí llegaba, desde mi zona de confort, atravesando toda la ciudad, en mi Vespa negra y la dejaba aparcada sin cadena de seguridad –era un barrio "conflictivo", pero la casa de Enrique se respetaba como ninguna–.

En ese lugar pasaba tardes, en el patio interior, viendo como se fumaba un cigarro tras otro –imagino que reprimía su angustia desde la ingesta de nicotina–.

Me hablaba de sus experiencias y yo le preguntaba, desde esa ilusión combativa de los veintipocos años, por el mensaje de Cristo y cómo desde el mismo podían erigirse revoluciones –mi dolor sólo quería hacer salir entonces a la calle a las masas desposeídas y tristes, no había otro consuelo para mí frente a lo vivido que una revolución frente a todo lo establecido–.

Sólo quería venganza, así de duro, y paliar el sufrimiento de años de desolación y tristeza.

Era tal mi rabia en esos días, que hubiera abrazado la lucha armada como solución de conflictos sociales. Entonces la justificaba y la entendía como medio de liberación del dolor de los que sufrían.

Allí, en su casa de dos pisos, con una disciplina suficiente, desde su autoridad moral, cobijaba a chicos y chicas, alguno con causas pendientes y por ende en busca y captura, pero él lejos de entregarlos les protegía y les sacaba de la calle, donde la droga y la prostitución eran sus destinos más lógicos e inmediatos.

El consumo de droga era causa de expulsión del que se había constituido en su hogar, y algún enfrentamiento por esa razón llegué a ver, siendo la firmeza de este espejo claro de Jesús el que siempre se imponía, mas desde el amor y la comprensión y no desde la irracional fuerza.

Tenía presencia y autoridad moral –elementos que convengo son necesarios en el que hace el papel de maestro, y él lo era–.

Puedo decir que entonces quería ser como él, seguir sus pasos, no separarme de aquel paraíso, un oasis de comprensión y solidaridad que había encontrado. Había lugar para la poesía y eso mitigaba mi pesar.

Allí fue donde conocí a la familia Quintero. Cuatro, quizás cinco, el recuerdo lo tengo borroso, hermanos muertos, alguno siendo yo ya su abogado. Una madre ya sin lágrimas, todas gastadas en los entierros de sus hijos. Los fallecimientos, todos, por lo mismo, sobredosis, sida, atracos. Toda una familia diezmada por la lacra de entonces.

El más listo de todos ellos, que moriría tiempo después –me dio tiempo a conseguir un notario y llevarlo a la cama donde moría– ya asomó su cabeza en este libro. Javier, parapléjico por un disparo traicionero de la policía en una persecución, a lomos de un camión robado.

Presumido como pocos, me contaba cómo le gustaba ir con el botín de los atracos a los bancos a El Corte Inglés y comprar ropa de marca sin pararse en el precio. El grupo de atracos de la Policía Judicial le temía, como grandísimo conductor que era.

Todavía hoy me encuentro en los juzgados a algún policía de aquel grupo y hablamos de los hermanos, casi todos diestros en el atraco rápido y sin sangre. Nunca entendí cómo les abrían las puertas de las sucursales –pero claro, la apariencia de "atracadores" sólo la conozco yo, que conocía su diaria actividad profesional–.

De aquella época era también Miguel Angel, con una madre, otra madre coraje, que limpiaba un colegio como todo sueldo familiar.

Ella, Libertad, pudo recobrar su nombre cuando llegó la democracia –ni siquiera tuvo la posibilidad de usar su propio nombre, en una vida plagada de reveses–. Su hijo mayor estaba enterrado, el mediano, enfermo terminal, compraba su dosis diaria con lo que la madre le daba para evitar cualquier contratiempo con la justicia y un ingreso en prisión que le llevaría a la muerte.

El pequeño, Miguel Ángel, también citado aquí, atracaba bancos, desde su recién inaugurada adición a la heroína, sólo para tener más coches de scalextric: Era su obsesión, el motivo por el que pistola en mano conseguía que le abrieran las puertas blindadas de las cajas donde se encontraba el dinero que a la vez los bancos, con su usura, habían sustraído al ciudadano de a pie.

Me urge por tanto hacerles presentes ahora, reivindicar la figura de quienes todo perdieron –la ilusión es lo único que nos nutre y cuando desaparece llega el hastío vital y con él la muerte–.

Creo que esa fue también, desde mi punto de vista, la dolencia de Antonio, que perdió toda la ilusión por la vida, y cuando la podía haber recobrado se encontró de lleno en una guerra hipócrita, en una pesadilla de la que no iba salir vivo.

Desde fuera su situación me parecía a veces como ese sueño recurrente en el que queremos despertar como sea, vamos cayendo por un foso sin fin, por un pozo que no tiene final y rogamos despertar cuanto antes.

Esa era su vida en el proceso judicial. Marcado a sangre y fuego por el hierro de la hipocresía, huía de un mundo que le perseguía y le señalaba.

SÉPTIMO CAPÍTULO

LA AÑORADA LIBERTAD

Retomando la vida de Antonio desde mi recuerdo como su abogado –la nostalgia me condujo las últimas páginas por escenarios lejanos y sentidos en los que surgieron rostros y experiencias– y el complejo procedimiento, conseguí finalmente que saliera en libertad en febrero de 2010.

La estábamos palpando, se podía tocar casi. La libertad, estado natural del hombre que quiere ser tal, volvía a ponerse del lado de Antonio. Le abría sus brazos de nuevo, dándole otra oportunidad para que hiciera buen uso de ella.

Simplemente debíamos esperar a que la juez mantuviera ese coraje judicial, un difícil atributo en este proceso, que había demostrado desde que se incorporó al juzgado de Majadahonda.

Sabía que con ella, desde ese garantismo acentuado a la hora de admitir pruebas, era posible una fianza u otras cautelas que aseguraran, aunque nunca lo hubiera hecho, que Antonio no iba a huir.

El peligro de fuga, elemento en el que se escudaron tantas veces para prolongar su situación de prisión, era un tremendo absurdo ahora (el tiempo de prisión preventiva que padecía era más extenso que la duración de una hipotética condena que le hubieran impuesto con sentencia firme).

¿Dónde, me sigo preguntando, hubiera escapado el pobre diablo, enfermo y ubicado en una diana permanentemente?.

Pero sabía también, y por eso la balanza no estaba ya inclinada desde hacía tiempo del lado de su libertad, que la Fiscalía de Madrid y el propio Jesús Neira se opondrían a cualquier petición, como así fue, de libertad.

De hecho la Fiscalía se oponía sistemáticamente a todas las pruebas que no condujesen a la condena de Antonio, o que supusieran abrir otras líneas de investigación en el proceso: para ellos ya existía un claro, y único, condenado, aun sin juicio.

Sin embargo, una mañana, mientras lo escribo hará un año en pocos días, pendiente como estábamos de que resolviera el juzgado sobre su libertad –la que insté una vez ratificaron las dos médicos forenses su informe y la juez escuchó de ellas, preguntando además de forma activa, la importancia, extrema y fundamental, de las patologías de Jesús Neira en el resultado acaecido y el coma provocado– me llamó la procuradora, Marta Sillero, mi particular báculo en este procedimiento, desde el juzgado –no podía contener su emoción–, para decirme que había un auto, recién notificado, de libertad bajo fianza de 18.000 euros.

Y fíjese el lector cómo era este procedimiento de "especial", que se mandó primero la resolución al Tribunal Superior de Justicia, a su oficina de prensa, para que los medios, con luz y taquígrafos, tuvieran pleno conocimiento del contenido y evitar así la demagogia de los programas y la crucifixión de la magistrada.

Era un asunto con tanta resonancia, que se hacía obligado dar a la opinión pública las razones, todas ajustadas a Derecho, de la excarcelación.

Ni que decir tiene que la independencia judicial, como garantía de la función de juzgar, salta hecha pedazos cuando hay que estar justificando el sentido de lo resuelto, mas es el peaje que hay que pagar por haber politizado la justicia y judicializado la vida pública (todavía resuenan los ecos de las milimétricamente calculadas recusaciones de los magistrados del Tribunal Constitucional, por unos y otros partidos, para obtener una mayoría en la deliberación del Estatuto de Cataluña y sacar una ganancia en clave electoral). Sencillamente bochornoso.

Mi alegría fue inmensa, enseguida telefoneé a la familia – siempre soñé con ese momento, obsesionado como estaba porque saliera en libertad cuanto antes – y convenimos que al día siguiente se haría el ingreso de la fianza y saldría Antonio en libertad.

Desde ese momento las horas transcurrieron en una plena locura de llamadas de periodistas, televisiones y declaraciones de diversas autoridades y del propio Jesús Neira –quien vociferando en su cadena amiga, Antena Tres, llegó a decir que le daba asco ser español, y que incluso se sacaría un permiso de armas, con críticas muy duras a la decisión judicial, todo lo contrario que su abogado, quien se mantuvo de acuerdo con la resolución adoptada–.

Es en estos momentos donde uno ve el paño del que está hecho el traje de las personas. Así, el Consejero de Presidencia de la Comunidad de Madrid, desde su particular cinismo, y claro desconocimiento, declaró que era incomprensible que Antonio, con el historial de violencia que tenía, estuviera en libertad.

Qué podía yo, simple mortal, decir de una clase política como la suya, que mantenía en sus escaños en ese momento procesal, desde una clara maniobra jurídica para no perder el aforamiento, cobrando, a varios diputados imputados por gravísimos delitos –y que además no habían pisado prisión alguna–.

La demagogia volvía a hacer acto de presencia y supe que la vida de Antonio en libertad iba a estar plena de riesgos, que todo lo que hiciera iba a ser mirado con lupa y que debía enclaustrarse fuera de los focos maliciosos y las opiniones sesgadas.

Antonio, con el efecto, muy acusado, de la prisionización –se denomina así a los estragos que produce la prisión en los seres humanos en cuanto a la capacidad de poder valerse, de nuevo, por sí mismos en el día a día–, debía escapar muy lejos del asedio de esos focos y entrar, sin que protestara el niño interior, en un centro de rehabilitación.

Se hacía muy necesario el ingreso, en eso estábamos todos de acuerdo, pues además la diabetes que tenía desde hacía años necesitaba igualmente una observancia y cuidados que no había tenido en prisión. Qué clase de cuidados puede esperar un cuadro como el de Antonio en un centro penitenciario, es obvio que ninguno.

Decidimos que ingresara en el centro médico de Alicante, aquél en el que había sido detenido cuando Jesús Neira entró en coma, y así hizo, decidido como estaba a salir del mundo que le aprisionaba y ahogaba desde hacía más de 20 años.

He de decir también que intuía que no iba a ser nada fácil mantenerle dócil después de lo vivido. Entre la rabia que le devoraba, los meses que se le fueron con un quebranto de salud evidente, los proyectos vitales que dejó escapar, su deterioro, más acusado ahora, y un horizonte procesal y personal muy complejo, supe que un nuevo e inmediato peligro aparecía en lontananza.

Esos momentos de lucidez y lucha suyos me emocionaban por lo que tenían de ensoñación. Yo sabía, siempre lo supe, que era imposible que con el panorama que tenía encima, con esa falta además de concentración y reflexión –quería recuperar el tiempo perdido a toda prisa, sin medirlo ni hacer cálculos a medio o largo plazo–, pudiera salir adelante.

Y no me equivoqué –todo lo que yerro a veces en mi vida personal, no suelo hacerlo en la profesional–.

Empezaron, fruto de la ansiedad que le consumía, las altas y bajas voluntarias del centro.

Si un día decidía que el lugar de residencia iba a ser con su padre, en una finca familiar donde él sí creo que realmente era feliz –el campo le hacía mucho bien para desintoxicar su cuerpo y alma–, al día siguiente, desde sus caprichos de infante atrapado en un cuerpo de hombre y unas necesidades de paraísos artificiales que nunca desaparecieron, decidía lo contrario, argumentándonos desde una convicción –como hacen los niños para conseguir sus propósitos– envuelta en una pataleta impúber.

Y mientras siempre yo en el medio de la tormenta –mi labor era esa también, con una familia desarbolada–, intentaba calmarle y ayudarle en lo que podía.

Le mentía con el argumento de que el juez que había tomado entonces posesión del juzgado, el que se mantuvo hasta su fallecimiento, quería que estuviese ingresado y controlado –obvio era que a la administración de justicia, no diré al juez, su vida no le importaba, y se demostró arrojándole tanto tiempo a una prisión, sin tratamiento alguno–, pero yo, desde el afecto que le tenía, intentaba reconducir su situación, implorándole a veces, casi rogándole, que por favor no saliera de los distintos centros en los que ingresó.

Sabía que una vuelta a las calles que le vieron crecer y caer tantas veces, significaría entrar de nuevo en la adicción impulsiva.

Le indicaba, cuando su familia me llamaba, incapaz de reconducir su ánimo, que el juez me había llamado casualmente ese mismo día para preguntarme por su tratamiento.

Le decía, cuando la tentación de los programas en forma de cheque con muchos ceros le podía, que el mismo juez me había felicitado porque no había acudido a ningún medio.

Y es que yo sabía que Antonio, desde esa adicción, fuera de sí, enfrentado a periodistas que le pudieran atacar en un programa llamándole maltratador y otras lindezas, era un peligro, por su enojo acumulado, para el buen curso de la causa judicial y la imagen que intentaba recomponer en silencio.

En otras circunstancias, con profesionales que no hubieran hecho un ejercicio de demagogia barata en una entrevista fijándose sólo en las imágenes del hotel donde se adivina el puñetazo y que hubieran ahondado en el procedimiento como tal, y en las distintas pruebas que le exoneraban, sí le hubiera permitido que acudiera. Era un riesgo que no podíamos correr.

Pero era obvio que querían carnaza –los programas basura nunca están saciados del todo en la ingesta del dolor–, sacarle de sus casillas y mostrarle así a la opinión pública, ser los primeros en conseguir el trofeo.

Por eso él tenía una cosa clara, si iba a algún medio yo dejaba la defensa por lo que hubiera supuesto de paso atrás en los logros conseguidos. Me había costado sangre, dolor y lágrimas revertir el curso del proceso como para dejarle que él, enfermo, lo echara todo perder desquiciado por lo que pudieran imputarle en directo.

Era un niño, así lo vivía yo, y a veces le trataba como hago con mis hijos. Caprichoso como son ellos, con sus pataletas y sus chantajes emocionales.

Me preocupaba sobremanera que le pasara algo, que tuviera un encontronazo, no buscado por él. Que alguien le insultara –era una imagen conocidísima y no pasaba inadvertido en lado alguno–, o le mentara el proceso judicial, "condenándole", sin juicio, mediante un exabrupto lanzado desde la ignorancia y la impunidad que da la calle.

Su seguimiento fue tan mezquino y extremo, que un día en Antena Tres, en las noticias que presenta Matías Prats, emitieron unas imágenes de Antonio con unos policías locales de Alicante, en la vía pública, parado por un percance nimio con su coche.

Habíamos perdido el norte con este asunto. Antonio como noticia de un telediario porque le pararon tras un accidente sin consecuencias.

 Era obvio que debía estar fuera del alcance de los focos y los titulares. El cuidado que debía tener era directamente proporcional a los amigos, poderosísimos, mediáticos que había conseguido Jesús Neira, y en ningún sitio estaría a salvo. Había mucha gente esperando que volviera a tropezar y alimentar así el odio que les consumía hacia él.

Puede imaginarse el lector las ofertas que tuvo de las televisiones. En muchos casos me llamaban a mí –no sabían con quién se jugaban los cuartos–, para que le transmitiera el ofrecimiento. Las ofertas de los mercenarios del dolor no cesaban. Tertulianas, chillonas e histriónicas, hablaban en sus programas de Antonio como si de toda la vida le conocieran. Ellas, que alardeaban de ser amigas suyas, nunca jamás, y yo fui testigo, hicieron nada por él mientras estuvo en prisión.

De pronto en determinados programas se llevaba, resultaba incluso algo positivo, lo de conocer a Antonio. La gente hablaba de él como si fueran sus amigos, y puedo dar fe de que nada más lejos.

Hubo incluso un aprovechamiento desde unas cartas que un Antonio enfermo y confundido mandó desde prisión. Esas hojas escritas desde la desesperación fueron de forma miserable mostradas en riguroso directo para demostrar, o intentarlo, una amistad que no existía. La cuota de pantalla exigía ahora postularse como su amigo, como antes, al principio de todo, definirse como su juez más crítico y duro, destrozándolo sin remisión ni compasión.

Era la situación creada tan difícil, pasados esos primeros días en los que mantuvo su cordura y buen ánimo, con un Antonio nervioso, en constante búsqueda de un lugar en el que estuviera a gusto, que a veces pensé que en prisión, entre muros altos de hormigón y sus alas cortadas, estaba más controlado, y por ende mejor, que en la calle, con sus peligros y sensaciones artificiales de tan fácil acceso.

Esa cuesta abajo que Antonio comenzó antes de verano y que durante la época estival aumentó peligrosamente la pendiente, ya nunca volvería a enderezarse y adoptar un camino recto y cómodo.

Mis vacaciones, unos días en Galicia en el mes de agosto, fueron de continuas llamadas pidiéndome dinero para poder salir de las Islas Baleares, donde estaba ahora ingresado.

Yo sabía que no podía contradecir la opinión de sus padres y él, conocedor del daño que me producía verle en ese estado, listo como era, me ponía en una situación en la que a punto estaba siempre de ceder a su chantaje emocional.

Pasado el verano todo se desbocó. Unas semanas antes de su fallecimiento, en las visitas al despacho, de paso por Madrid, percibía que su estado de conciencia ya no era el más adecuado. Estaba en franca decadencia personal y se desesperaba porque no accedía al dinero que su familia, harta ya, con razón, le había con anterioridad procurado sin dificultad. Antonio pedía y a Antonio se le daba, pero ya no era así ahora.

Fue también en esas fechas, con el grifo cerrado por parte de la familia, cuando acudió a mí más veces en busca de efectivo –me contaba que era para una habitación de un hotel en la que se hospedaba ahora– y yo, que no quería ver cómo lo recogía en el despacho, para no ser testigo de su debacle, desaparecía, o indicaba le dijeran que no estaba, cuando venía y se marchaba con el sobre.

No podía verlo así. Sabía que todo estaba yendo muy mal, que estaba descontrolado, que su problema diabético le pasaría también factura y que la pendiente ya era casi absolutamente una pared vertical por la que se despeñaba sin que quisiera agarrarse a ayuda alguna.

Desde ahí todo se desencadenó muy rápido. Esa historia, el capítulo siguiente de su vida, que enlazaba directamente con su muerte, yo ya la había vivido y me la sabía de memoria. Podía haber escrito el guión de lo que iba a ocurrir, guardarlo y comprobar después cómo no estaba equivocado.

Desde la sordidez de todo lo que en esos días le rodeaba, debió buscar cobijo en algún sitio en el que le procuraran cama y acceso fácil a lo que le estaba matando –nunca se podrá probar, pero es mi intuición, así lo sospecho, visto lo que se supo después–.

Fue entonces también cuando debió caer, subyugado por el generoso adelanto que le hicieron, en la trampa de llevarle a la televisión. Necesitaba dinero como fuera y los que le pagaron, adelantándole una sustanciosa, sin duda, parte, lo sabían.

Esa gente sin escrúpulos se aprovechó de un enfermo, depositando en su mano dinero suficiente como para poderse dar todos los "homenajes" que no se había dado en mucho tiempo, desde su voluntad inexistente y el desanimo vital.

Lo que sigue es harto conocido. Alguien llamó a la policía y contó que un varón se encontraba en un baño, inconsciente, en unos apartamentos en la zona norte de Madrid.

A mí me despertaron muy pronto, casi amaneciendo, para darme la noticia. Era la crónica de lo que yo estaba seguro sucedería tarde o temprano.

Mi ultimo servicio a la familia fue acompañar a su hermana, ejemplo de entereza y saber estar, al Instituto Anatómico Forense, y elegir con ella los detalles del entierro.

Fue también allí, y en la red y mi página del despacho se puede encontrar, donde con decenas de cámaras de televisión lancé, desde la indignación de lo que había pasado con Antonio, acusaciones, de las que no me arrepiento en absoluto, contra determinada prensa y clase política que le machacó sin compasión

Ellos le condujeron a un callejón sin salida. Sensible como era, con todos los defectos que tuviera, inocularon en su alma el virus de la culpa y la maldad.

Depositaron en su dignidad, la que obviaron siempre que se refirieron a él, una carga de profundidad tal, que era imposible que remontara el vuelo.

Había llegado el fin de su vida, ahora descansaba y la eternidad le esperaba, seguro que con mejores ánimos. Los que aquí no tuvo.

A MODO DE REFLEXIÓN

(DESPEDIDA Y CIERRE)

No he pretendido con este libro, nadie lo piense, justificar a Antonio.

Él supo desde el principio que no había obrado bien el día que tuvo el encuentro con Jesús Neira. Ese día, dejando aparte las razones que le pudieron mover, nunca justificables, a obrar así, surgió un Antonio en el que él no se reconocía y no se cansaba de decírmelo.

Me ha movido a escribir el brindar un tributo, el que se merecía por el hecho de ser un ser humano que sufrió muchísimo, a una persona demonizada y perseguida donde quisiera que fuere. Alguien que nunca podrá ya defenderse.

Yo he sido su abogado –me honró serlo en todo momento–. En mí permanece, su memoria ahora lo reclama, el encargo que la familia me encomendó cuando me hice cargo de su defensa.

Le debía estas alegaciones que con tantas ganas preparé de cara al juicio que nunca se celebrará y que ahora pretendo le sirvan para conseguir, quizás no una absolución total, mas sí una pena muy atenuada.

También quisiera, ahora como ciudadano, que sirviera lo escrito como reflexión para la sociedad. Que nunca se repita ese vía crucis procesal y personal.

Llamar a capítulo, desde la legitimidad que me da haber sido testigo de los destrozos cometidos, sobre el tratamiento que se da a los sucesos en los medios de comunicación y cómo, literalmente, la presunción de inocencia salta por los aires, dictándose una condena en la que luego los tribunales, si no la hacen suya, soportarán el clamor y el repudio de una sociedad, conformada en jurado, sin legitimación ni preparación intelectual para serlo.

En este caso concreto se dieron todos los elementos que consiguen que las televisiones alcancen cuotas de pantallas muy altas. La noticia, como suceso, se solapaba con el evento visto desde el denominado mundo del corazón y la prensa rosa (nunca entendí la razón, pero así era).

De hecho, como si de una maldición se tratara, todo fue televisado. El incidente del hotel, en agosto de 2008 y la muerte, con un juez que estaba acompañado por unas cámaras esa noche, siguiendo, y grabando, su labor como juez de guardia y sus funciones en un día cualquiera. Nada, de nuevo, volvió a ser casualidad en este asunto.

Pasará, debe hacerlo, esta tragedia humana –no ha sido algo diferente, y todavía quedan esquirlas volando– a la historia como el ejemplo de lo que nunca debe ser el tratamiento informativo a una noticia.

Linchamientos variados, opiniones sesgadas, mentiras concientemente fabricadas, periodistas posicionados, incluso desde ideologías políticas y un gran dolor. Sobretodo un inmenso dolor para Antonio y su familia.

Este dolor se podía coger con la mano. A puñados lo he recogido yo, incluso ahora escribiendo, y antes, intentando que no todo se lo llevara Antonio, me hice yo partícipe de él, poniéndome también como diana de descalificaciones y blanco de críticas, reflejo de lo que a la opinión pública, a una parte de ella, le escoció a veces de mi prédica.

No me importaba. Entendía era parte de mi profesión tapar su soledad y su enorme frío de vivir.

No se podía comprender en algún medio que alguien ejercitara una defensa desde un mandato constitucional y, haciendo uso de una rebeldía también innata en mí, contradijera el fallo ya dictado sin juicio previo y luchara de forma encarnizada por Antonio y sus derechos.

Creo, sinceramente, que algo conseguí y que pude parar, desde la fuerza que me dejaron desplegar, la campaña de acoso y derribo.

En todos estos años, muy intensos, de defensas muy variadas, he llegado a conocer al ser humano –mis lecturas de filosofía, mis queridos ensayos, mi otra pasión, me han ayudado también–.

Es desde ahí, desde la condición finita del hombre, la que nos atormenta cuando nos damos cuenta de que es la única que existe y el tiempo se nos va para no volver, desde la que pido compasión, clemencia y un poco de cordura.

Desde esa compasión, sin duda, he escrito este libro.

Y es que nadie se muere jamás, siempre queda detrás el lugar desde el que viene su eco y **escucharlo es el tributo.**

En Madrid, febrero de 2011.